质性研究经典导读系列丛书

丛书主编　丁钢

行动研究

教育中的实践、反思与批判

孙妍妍———著

华东师范大学出版社

·上海·

图书在版编目(CIP)数据

行动研究:教育中的实践、反思与批判/孙妍妍著.
上海:华东师范大学出版社,2025. —(质性研究经典
导读系列丛书). —ISBN 978 - 7 - 5760 - 6129 - 1

Ⅰ. G40 - 03

中国国家版本馆 CIP 数据核字第 20255J30E6 号

行动研究:教育中的实践、反思与批判

著　　者　孙妍妍
责任编辑　余思洋
责任校对　姜　峰　时东明
装帧设计　俞　越

出版发行　华东师范大学出版社
社　　址　上海市中山北路 3663 号　邮编 200062
网　　址　www. ecnupress. com. cn
电　　话　021 - 60821666　行政传真 021 - 62572105
客服电话　021 - 62865537　门市(邮购)电话 021 - 62869887
地　　址　上海市中山北路 3663 号华东师范大学校内先锋路口
网　　店　http://hdsdcbs.tmall.com

印刷者　浙江临安曙光印务有限公司
开　　本　787 毫米×1092 毫米　1/16
印　　张　15.5
字　　数　174 千字
版　　次　2025 年 7 月第 1 版
印　　次　2025 年 7 月第 1 次
书　　号　ISBN 978 - 7 - 5760 - 6129 - 1
定　　价　55.00 元

出版人　王　焰

(如发现本版图书有印订质量问题,请寄回本社客服中心调换或电话 021 - 62865537 联系)

| 总　序 |

教育学本质上是一门关于人类教育生活实践的学科，教育实践既是处理社会关系的实践，也是改造主观世界的实践，是人类实践活动的重要形式之一。

教育学的研究既需要为重要的研究问题提供合理、明确的推理过程，对其进行各种验证性研究，同时也需要通过对个体和群体的教育经验进行分析，深化与诠释生活世界的教育意义。教育研究既需要数据的积累和现象的描述，还必须深入到研究的内容、趋势、认知与评论等方面，以形成量化与质性相结合的交互分析。在这个意义上，教育研究可以采取量化研究与质性研究相结合的混合研究方法，以提升教育研究的价值。

就质性研究方法而言，它是国内外社会科学领域常用的一种实证研究方法，其目标是对人类行为和经验的解释性理解与反思，寻求掌握人们建构其意义的历程，并描述这些意义是什么，然后使用经验的观察，从探究人类行为的具体事件中产生对人类的生活状况与社会变革更清晰、更深层的思考与理解。

华东师范大学教育学部设立"教育的质性研究方法"研究生学位基础课程的宗旨在于：使学习者树立教育研究的问题意识，清晰研究立场，全面了解质性研究的理论与具体方法，体会质性研究的特点，领会各种具体方法的优势和适用价值，学会运用质性研究方法和分析软件开展质性研究设计与研究活动。

"教育的质性研究方法"课程的内容分为以下 4 个模块。

● 质性研究导论，旨在为学习者提供质性研究的方法论基础。包括质性研究的理论资源、对象与目的、选题与设计，以及文献综述、参与观察、深度访谈、成果呈现等基本方法。

● 质性研究方法专题，旨在为学习者提供结合实际需求深入学习某一质性研究方法。分为可供学习者选择的 6 门单列课程：田野研究、案例研究、行动研究、叙事研究、文化与生活史研究、扎根理论。

● 质性分析软件应用，旨在为学习者提供应用质性分析软件所需，建议与扎根理论学习相配合。

● 质性研究成果撰写，旨在为学习者提供更好地呈现质性研究结果的写作方法。包括质性报告撰写与研究评价的方式等。

为了进一步推进和深化课程的建设，以及满足研究生对于质性研究方法的深入理解和研究实践的需求，基于"教育的质性研究方法"课程团队的教学实践，我们将每种质性研究方法单独编写成书而组成了这套"质性研究经典导读"系列丛书。

其中，每种质性研究方法的编写将选择国内外相关经典著作加以导读，同时强调研究方法的程序与规范，进而对一些经典案例进行分析，并提供拓展阅读。

呈现在读者面前的这套"质性研究经典导读"系列丛书由 11 部著作构成。

《博观约取：文献综述导引》一书将文献综述作为研究过程不可或缺的一部分，强调文献综述乃是以研究主题或问题为中心，以既有文献为基础的博观约取的过程;同时,以哈特(Chris Hart)的《学做文献综述:释放研究想象力(第2版)》为典范,进一步加深对文献综述的技术化理解,从而形成对文献综述的合理认识。在此基础上,呈现从主题到问题,从文献搜集、甄选、梳理到综述撰写的一般程序及其操作规范,并结合研究领域和研究取向,选取若干具有代表性的综述文本作为案例,以为参酌。该书努力体现我国教育研究的本土特征,反映我国教育研究者的重要贡献,贴近我国教育学研究生的实际需求。

《参与观察:质性研究中的"看"与"被看"》一书旨在为参与观察方法的初学者提供可借鉴的"地图"。该书选取《参与观察法:关于人类研究的一种方法》这本经典教材进行导读,辅以人类学参与观察法的经典著作《摩洛哥田野作业反思》,以期从具体方法的使用到作为研究工具的研究者的反思,形成完整的逻辑链条,并具体介绍参与观察法的操作步骤。同时,该书选取三本以参与观察法为重要研究方法的著作,分别从研究问题与内容、研究方法与过程、研究发现、主要理论视角与论点和研究者的反思等角度对著作文本进行"方法"意义上的重构,从案例中进一步阐明参与观察法的经典使用。

《质性访谈:在教育研究中"聆听"与"理解"》一书着重指出访谈是质性研究中的重要方法。书中涵盖的阅读和领会访谈法的内涵、特点、优势、操作和分析等一系列的相关信息,对于运用与实践这种收集资料的方法来说非常必要。该书以经典导读为主线,通过介绍两本质性访谈著作和相关研究案例,为对质性研究感兴趣或开展质性研究的各类研究者提供有关访谈法的实用知识和技术,以促进质性研究与教育实证研究的发展。

《田野研究：经验正当性的现场寻求》一书为使学习者实现对于人类学田野研究更为深入的了解与理解，一方面根据人类学学科中田野研究的产生与发展的时间维度，探寻在人类学田野研究领域"里程碑"式的经典著作成果形成与发展的过程中，田野研究所承担的作用和地位；另一方面，通过经典片段导读、案例分析与拓展阅读等学习内容的安排，聚焦田野研究作为研究方法的正当性（validity）问题，分析与考察其作为跨越自然科学与社会科学的一种现场经验研究方法所包含的相关研究规范。学习者通过阅读与思考，不仅能拓宽专业研究方法的视野，而且能初步了解和掌握人类学田野研究作为研究方法的基本规范和关键要求。

《教育科学案例研究方法：导读与范例》一书在经典导读部分通过与经典文献的对话，展示案例研究方法在教育理论构建与实践检验中的不同研究取向与特征，关注研究规范涉及案例研究方法的策略与步骤；进而在案例分析部分详细描述具体案例的研究过程与方法，并在拓展阅读部分简要介绍案例研究方法的主要文献。

《行动研究：教育中的实践、反思与批判》一书系统梳理了行动研究的理论脉络与实践路径。全书分为三部分：行动研究基础、行动研究方法、行动研究实践。主要内容包括行动研究的历史溯源、"做"行动研究的基本方法，以及经典与当代行动研究案例分析。阅读本书将帮助读者深入理解行动研究的理论与方法，识别其在教育实践中的适用条件，并逐步形成独立开展行动研究的专业能力。

《教育叙事研究：经典与案例导读》一书旨在帮助学习者理解叙事探

究的立场、观点和方法，以开辟教育研究的新路向——关注个体的教育生活，把握其生活经验的连续性和交互性，以深度描述和诠释的方式探索、穿透和揭示其生活经验的意义。

《凝视日常：生活史的研究理路与写作案例》尝试融合历史学的方法及教育学的关怀，呈现与生活史研究相关的学理基础、学术历程、写作要领、范例评介及书目解题，以帮助读者按图索骥、登高行远；同时，融入对于教学过程的部分记录、引证和反思，以期实现教学相长。该书尝试体现史学的素养与思维对于人文社科学术可能的"通用"贡献，并透过研究者自身的躬亲与省思，强调生活史研究"因人、属人、为人"的核心关怀。此外，该书通过对生活史研究取径的优长之处及可能局限的分析，提示学术研究中技术、方法、视野、理论诸种层次的互动必要与进阶可能。

《扎根理论经典导读与实作》一书通过对扎根理论经典的导读、介绍与解读方法、研究案例研讨、拓展阅读等方式，帮助学习者深化对本研究方法的认识、理解，使其形成运用扎根理论构建理论的能力。该书内容涉及扎根理论经典导读、作为研究方法的基本程序和技术介绍、应用该研究路径的常见问题等。

《质性分析软件 NVIVO 的应用》一书通过介绍 NVIVO 的基本操作，包括项目管理、编码、查询、数据整合、可视化、多媒体数据处理、图和报表等功能，对使用 NVIVO 进行质性分析的常用策略和步骤进行解析。同时，通过三个具体的案例，说明使用 NVIVO 进行开放式问卷的分析、文献综述以及完整的研究设计的方法。对于不倾向于特定的方法论，且需要处理大量无结构或半结构化数据的研究者而言，NVIVO 运用定性分析技术来组织、分析和共享数据,是目前最合适的质性分析工具,同时也为使用混合方法的研究人员提供了借鉴。

《从生活到理论:质性研究写作成文》一书在理论层面结合国内外关于质性研究写作的著述、教材和论文,在实践层面以学习者在习作中遇到的困惑和问题为着力点,力求在参考性、操作性,以及具体到质性研究写作的格式、语言、时间管理、谋篇布局和发表交流等层面,用贴近学习者经验的语言,针对普遍的困惑,提供有参考意义的建议。针对质性研究报告或论文的每个主要组成部分,该书逐一分析各个部分写作的原则、类型、注意事项,并且引证正面和反面案例进行分析说明。

这是一套基于课程教学实践的著作系列,此系列不仅关注研究方法的实用性和理论的前沿性,也具有很强的可读性和对教育质性研究方法运用的导向性;既可以作为学习者课堂学习的延伸阅读,也可以为有需要的学习者自学所用。如果能为读者分享而有所启迪,我们便达成了心愿。

丁　钢

2020 年 1 月 31 日

| 前　言 |

　　本书旨在为读者提供关于行动研究的全面介绍与实践指导,内容涵盖其历史发展、理论基础、方法步骤以及对实践案例的详细分析。行动研究作为一种注重反思与实践相结合的研究方法,能够帮助教育工作者在复杂多变的教育情境中不断改进与创新。本书的撰写源自作者在行动研究方法教学中的思考,希望为有志于从事教育实践和研究工作的读者提供参考与启发。

　　本书主要面向教育领域的从业者、研究者以及对行动研究感兴趣的学者和学生。行动研究不仅是一种研究方法,更是改进教育实践的重要工具。本书希望通过具体的案例分析和方法介绍,帮助读者更好地理解行动研究,并将其灵活地应用于自己的实践和研究中。

　　本书分为三个部分。第一部分为行动研究基础,介绍了行动研究的历史、定义、特性和理论基础;回顾了行动研究的起源和演变,讨论了其作为教育研究的核心特性,并探讨了行动研究是如何挑战传统的研究和教师培训模式的。第二部分为行动研究方法,聚焦行动研究的实际操作,详细阐述了行动研究的步骤和流程,包括计划、行动、观察、反思、修正、再行动等关键环节;探讨了行动研究的合作及常见挑战与应对策略,以期为读者的实际操作提供实用的指导。第三部分为行动研究实践,通过分析行动研究实践中的经典与当代案例,展示了行动研究在不同教育情境中的应用。案例涉及国内外的历史经典研究与当代研究,希望能够帮助读者更全面地理解行动研究在实际教育改革中的价值与局限。

　　本书力求通过对行动研究的详细解读与对典型案例的剖析，帮助读者更好地将理论与实践相结合。在撰写过程中，考虑到每一位读者的背景与需求不尽相同，本书尽可能提供了多样化的内容和观点。希望无论是初学者还是有一定经验的行动研究者，都可以从本书中找到有益的内容。由于行动研究自身的复杂性和多样性，本书中的观点和方法仍有待实践的检验与补充，欢迎读者批评指正并分享宝贵经验。希望本书能成为您行动研究旅程中的一部分，共同推动教育改革的进程。

孙妍妍

2025 年 4 月 12 日

| 目 录 |

第三部分　行动研究实践

第一部分
行动研究基础

作为本书的开篇，本部分旨在帮助读者全面理解行动研究的历史背景、定义、特性及理论基础。第一章通过梳理行动研究的发展历程，展示了其从 20 世纪 40 年代库尔特·勒温(Kurt Lewin)的群体动力学研究到当代广泛应用的过程，揭示了行动研究如何演变为一种重要的教育研究方法。第二章则聚焦对行动研究的定义与特性的深入解析，详细讨论了行动研究的参与性、改进性、系统性、公开性等核心特征，为认识行动研究提供清晰的理论框架。第三章从理论视角切入，探讨批判理论、解释学以及行动研究对传统教师培训方式的挑战，进一步深化对行动研究的理解。通过本部分的学习，读者可以建立对行动研究的基本认知，为在后续内容中学习具体方法和实践应用奠定坚实的理论基础。

第一章
行动研究的历史

　　行动研究作为一种独特的研究方法,与教育实验研究有显著区别。教育实验研究通常强调研究者的客观性和研究过程的可控性,研究结果主要用于理论发展。行动研究则更注重参与者的实际体验及其在研究过程中的变革能力,强调研究者与实践者之间的合作与互动。行动研究不仅致力于知识的生成,而且注重实际问题的解决与改进过程。了解行动研究的历史发展有助于我们理解其从理论到实践的演变路径及其在推动教育改革中的关键作用,也可以让我们更清晰地把握这一方法在教育领域的独特价值和应用前景。

第一节　行动研究的早期历史

一、行动研究的起源

　　19 世纪末到 20 世纪初期,美国教育研究领域已经初步展现出行动研究的精神雏形。行动研究的正式提出和系统化则归功于心理学家勒温,他被认为是"行动研究之父"。勒温在 20 世纪 40 年代提出了"行动研究"这一概念,并构建了相关的基本理论。他认为行动研究通过在实地中进行的行动来解决社会实际问题。

　　勒温的行动研究理论基于群体动力学(group dynamics),强调独立、平等与合作的群体关系和动力。这些核心思想奠定了现代行动研究的基础。当代著名行动研究学者斯蒂芬·凯米斯(Stephen Kemmis)认为,勒温的研究思想体现了现代行动研究的三个基本特征:参与、民主推动力,以及对社会科学和社会改革的促进作用。这些特征直接影响了后期行动研究对"合作"的重视。

二、行动研究在教育领域的发展

1945 年至 1950 年,勒温的思想对哥伦比亚大学师范学院贺拉斯曼-林肯研究所的两名研究者——米尔斯(Mills)与本特利(Bentley)产生了深远影响。他们采用行动研究的方法,帮助中小学教师在课堂教学中实施合作学习策略。在这一过程中,教师将自己设计的合作学习活动应用于课堂,并从学生、同事和家长处获取反馈,以进一步改进教学效果。研究者在这一过程中起到了指导和促进的作用。

米尔斯和本特利的成功实践影响了科里(Corey)和弗谢(Foshay),他们亦是早期行动研究的代表人物。与米尔斯和本特利不同,科里和弗谢更关注学校和学区的合作性行动研究。在开展了八年合作性行动研究后,科里总结出有效校本行动研究的必要条件:(1)问题的公开性;(2)创新的机会;(3)鼓励试错;(4)教师群体的合作性;(5)对数据收集的重视;(6)足够的研究时间。①

在同一时期,弗谢与古德森(Goodson)也提出了行动研究的两个重要特征:一是肯定教师内隐价值观的重要性;二是强调在行动研究中破除文化成见的必要性,这些成见如教师不适合开展研究、缺乏变革环境的自由度、领导决策不可改变等。弗谢与古德森的贡献主要在于为教师在制度化环境中找到自我探索的空间提供了理论支持。

在这些先驱者的推动下,行动研究在 20 世纪 50 年代迎来了繁荣期。我国学者刘良华总结了这一时期行动研究的四大特征:第一,教师作为

---

① 转引自:WOLFF M D, WOLFF J A. Review of action research to improve school practices [J]. Journal of educational psychology, 1955,46(4):251-252.

研究者的身份得到了确立,这是行动研究区别于传统教育研究的核心特征;第二,多方参与和合作成为行动研究的基本模式;第三,行动研究旨在改进课程与教学实践;第四,科学的方法得以应用和推广。[①] 勒温将行动研究的过程描述为"计划—行动—观察—再计划"的循环,这一过程被称为"科学的行动研究"。

然而,行动研究在美国经历了 20 世纪 50 年代的繁荣之后,随着冷战时期教育政策的转向,遭遇了被批评和发展停滞的局面。其衰退的原因可以概括为三点。首先,冷战时期的美国教育界开始强调"研究—开发—推广"的学术模式,政府资金更倾向于支持高等院校的学术研究,而非基础教育中的行动研究。其次,行动研究作为研究范式的效度受到质疑,主要体现为教师缺乏研究训练、研究过程缺乏实验控制,因而研究结果难以被纳入教育理论体系。最后,一些行动研究实践者对行动研究能否有效改进教育实践表示怀疑。他们发现,许多问题的根源在于教育制度,而非个人或研究团队能够改变的因素。此外,行动研究中角色的转换往往使教师与同事及上下级之间产生复杂关系,这可能导致教师产生压力并丧失信心。由于这些原因,行动研究在美国逐渐衰退,但在英国却得到了新的发展契机。

第二节　行动研究的发展沿革

一、行动研究的扩展

英国的行动研究在 20 世纪 60 年代得到了显著的发展,这与课程论

---

① 刘良华.校本行动研究[M].成都:四川教育出版社,2002:11 - 12.

专家劳伦斯·斯滕豪斯(Lawrence Stenhouse)领导的人文课程研究项目(the humanities curriculum project)密切相关。该项目由英国学校委员会和拉斐尔德基金会联合发起,旨在改善当时英国中学人文课程的低质量状况。斯滕豪斯认为,课程的核心应当是培养学生的理解力,而"讨论"是发展学生理解力的关键教学策略。

斯滕豪斯提出了过程原则,要求教师在课堂上扮演中立主席的角色,指导学生讨论有争议的价值观问题。研究团队的任务则是为教师提供有效的教学方法和辅助材料。斯滕豪斯提倡知识本位的课程(knowledge-based curriculum),即知识是临时性的和实验性的,因此课程必须不断接受师生的检验并发展。

斯滕豪斯的研究团队在 1968 年招募了 32 所实验学校,要求这些学校在实际教学中检验研究团队提供的教学方法和教学材料的效果。斯滕豪斯提出"教师成为研究者"(teachers as researchers)与"研究成为教学的基础"(research as a basis for teaching)的理念,[①]主张将课堂视为教育理论的实验室,教师则是教育科学研究者。

斯滕豪斯的人文课程研究项目推动了第二代行动研究的发展,并具有以下特点:

(1)教师不再仅是参与者,而是正式的研究者。

(2)行动研究的目标从单纯的实践改进转向促进校本课程的开发。

(3)对"科学方法"的重视演变为对"公开而系统的探究"的强调。

(4)讨论了"一线行动研究"与"二线行动研究"的关系,前者指教师亲自操作的研究,后者则由高等院校的研究团队操作。[②]

---

① 转引自:RUDDUCK J, HOPKINS D. Research as a basis for teaching: reading from the work of lawrence stenhouse [M]. London: Heinemann Educational Books, 1985:74.

② 刘良华. 校本行动研究[M]. 成都:四川教育出版社,2002:20 - 23.

二、反思性实践者

随着斯滕豪斯人文课程研究项目的推进,教育学家约翰·埃利奥特(John Elliott)逐步形成了自己关于行动研究的理论。埃利奥特在领导"福特教学研究"(the Ford teaching project)和"师生互动与学习效能研究"(teacher-student interaction and quality of learning project)时,发现了人文课程研究项目中存在的一个关键问题——指导者与教师之间的关系未得到有效处理。

为此,埃利奥特采取了以下改进措施:

(1)限制指导者对教师的外部控制权,赋予教师更多自主权。

(2)建立起教师间平等对话的组织体系,促进学校内部和社区的交流。

(3)强调教学实践中的"内隐理论",鼓励教师反思并发展自己的教学理论。[①]

尽管这些措施改善了指导者与教师的关系,但埃利奥特意识到人文课程研究项目仍然忽视了对教育制度、组织和系统的反思。在师生互动与学习效能研究中,他进一步由对单个教师教学的反思转向对制度化情境的集体反思。

埃利奥特和斯滕豪斯在英国的行动研究实践也影响了美国行动研究的复兴,其中约瑟夫·施瓦布(Joseph Schwab)与唐纳德·舍恩(Donald Schön)起到了重要的推动作用。施瓦布强调实践课程模式的重要性,提出课程开发应平衡理论与实践。舍恩则通过提出"反思性实践者"的概念,挑战传统的技术理性,主张教师应根据情境发展调整教学方法,而非仅依赖外部专家的指令。

---

① ELLIOT J. Action research for educational change [M]. Philadelphia: Open University Press, 1991:30－31.

三、行动研究新方向:批判的旨趣

当代行动研究逐渐从"技术的行动研究"和"实践的行动研究"向"解放的行动研究"或"批判的行动研究"转变。以凯米斯、威尔弗雷德·卡尔(Wilfred Carr)和乔·金奇洛(Joe Kincheloe)等为代表的学者提出,这种行动研究不仅注重反思性过程和民主风格,还吸收了尤尔根·哈贝马斯(Jürgen Habermas)的批判理论。

凯米斯还认为,行动研究的发展经历了从"解释"到"解放"的转变,这一转变对澳大利亚和英国的研究产生了显著影响。然而,与解释的行动研究相比,解放的行动研究在英美地区未成为主流。凯米斯和卡尔进一步讨论了教育研究的科学性,提出教育研究应被视为对教育实践问题的科学探究,而非简单的"应用—研究"模式。他们还强调,教师之间的联合是实现教育改革的重要前提,批判性和反思性实践是解放行动研究的核心。

四、我国的行动研究实践

行动研究在我国的发展经历了起始阶段、兴盛阶段和反思阶段三个主要阶段,展现了行动研究在我国从引入到本土化探索的过程。[①]

1. 起始阶段(1980 年至 1987 年)

这一阶段,行动研究主要通过翻译和介绍国外文献被引入我国。研究者开始关注如何将这种研究方法应用于我国的教育情境中。最初的行动研究实践主要集中在小规模的课堂教学改进中,以解决具体的教学问题为主。尽管这一时期的行动研究活动较为零散,但为后续的发展奠定了基础。

---

① 本章对我国行动研究发展阶段的划分参考了《校本行动研究》一书,具体请见:刘良华.校本行动研究[M].成都:四川教育出版社,2002:89-133.

2. 兴盛阶段(1988 年至 1997 年)

在这一阶段,行动研究在我国的教育领域得到广泛关注。此时,行动研究被视为一种有效的教学改革工具,被广泛应用于各类教育研究中。研究者开始将行动研究应用于课程开发、教师专业发展和课堂教学改进等多个领域,并通过组织各种行动研究活动,积累了丰富的实践经验。行动研究被逐渐看作连接教育理论与实践的重要桥梁。

3. 反思阶段(自 1998 年起)

行动研究的发展进入反思阶段,研究者开始对行动研究的价值、局限性及其在我国的应用进行深入讨论。刘良华等学者认为,行动研究不仅应被视为一种研究方法,更应被视为一种方法论,即通过反思和行动的循环来改进教育实践的持续过程。这一阶段的行动研究更加关注研究的理论背景,探索如何在教育实践中系统地应用行动研究。

在这一阶段,研究者对行动研究的实践性、合作性和反思性进行了更深入的挖掘。例如,青浦实验中的经验筛选法,将行动研究的反馈机制与假设—检验的科学方法结合,形成了一个以教师合作与实际操作为核心的研究路径。这种方法强调教师在教育改革中的主体性,体现了行动研究在促进教师专业发展中的作用。

4. 代表性案例分析

(1)青浦实验。

青浦实验是在上海市青浦区进行的大规模教育改革项目。该项目旨在通过行动研究推动教学改进,主要由当地教育行政部门组织,并联合区域内各中小学及高校研究者参与。实验针对传统教育方式的局限,尝试通过对实际教学实践的反复调整和评估,探索适应当地学生需求的教学方法。研究者与教师之间的合作为项目的核心,教师不仅是执行者,还在研究中发挥重要作用。

青浦实验采用了改进的行动研究方法,将传统的"计划—行动—观察—再计划"模式与科学研究中的"假设—检验"机制相结合。研究者和教师根据教学实践中的反馈不断调整教学方法。例如,初期针对学生学习积极性不高的问题,教师提出了整体学习和合作学习的策略。研究团队结合这些实践,进一步引入"自学辅导教学"模式,并结合卢仲衡的"异步教学"和新课程改革中的"自主学习"理念进行改进。

在反复的实践中,教师在实际教学中尝试不同的教学策略,通过课堂观察、师生互动和学生反馈等多种方式收集数据,并与研究者共同讨论调整策略。在这一过程中,教师逐渐形成了以"兴发教学"为核心的教学策略,强调学生的自主性和学习的内在动力。经过多轮调整,青浦实验成功地激发了学生的学习兴趣,改善了教学效果。

(2)大学—小学教师合作研究。

1997年,华东师范大学与上海市打虎山路第一小学和无锡市扬名中心小学合作,发起了"大学—小学教师合作研究"项目。该项目旨在通过高校研究者与小学教师的合作,探索教师自选课题的研究模式。合作的核心在于让小学教师在实践中提出教育问题,并通过高校研究者的理论支持和共同研讨找到解决方案。这种合作形式强调平等对话和实质性的协作关系。

小学教师在教学实践中提出研究议题,与高校研究者合作展开研究,形成了行动研究的合作与反思模式。教师在合作中不仅获得了理论支持,还在实践中对教育现象进行深度分析。这项研究强调扎根理论的运用,通过解决实际问题推动研究进展,同时也使得小学教师的实践经验得到系统的理论支持和反思提升。[1]

---

[1] 更多关于青浦实验与大学—小学合作研究的讨论,请见本书第三部分第十一章第四节。

（3）行动研究课程。

1994 年，北京师范大学将行动研究作为英语语言教学相关专业研究生的必修课程之一。该课程旨在通过行动研究的理论与实践教学，培养未来教师的创新精神和课堂教学研究能力。这一课程的设立反映了国际外语教学界对行动研究日益增长的关注。

该课程包括理论研讨、技术准备、初期调查和实际行动研究四个模块。学生在开放的学习环境中合作发现研究问题，提出假设，并在教学实践中互相听课、反思和研讨。通过这一过程，学生不仅加深了对教学过程的理解，还培养了自我反思和合作研究的能力。这一行动研究课程不仅仅是理论教学，更是通过行动研究的实际运用促进了学生的自主发展，提高了其教学反思能力。

5. 总结

行动研究在我国的发展历程展现了它从引入到本土化的逐步转变的过程。通过多年的实践和探索，行动研究已经成为我国教育改革的重要工具之一。研究者通过反思性实践、合作研究和持续改进的方式，将行动研究与我国的教育实际紧密结合，为教师的专业成长和教学改革提供了有力支持。这些探索不仅完善了行动研究的理论框架，也为教育实践提供了切实可行的改进路径。

总体来说，本章呈现了行动研究从勒温的初步构想到斯滕豪斯、埃利奥特等人的深化，再到当代学者的批判性扩展的发展历程，亦即呈现了其从一个实践问题解决工具逐步演变为一种具有强烈社会变革导向的研究范式的过程。这一过程赋予了行动研究独特的特性——它不仅是一种研究方法，更是一种促进社会公平正义与变革的实践路径。通过回顾行动研究的历史，教育研究者可以更好地理解和运用这一方法，推动教育实践的持续改进与社会的进步。

第二章
理解行动研究

第一节　行动研究的定义

一、定义行动研究

不同学者对行动研究的定义不同,每种定义均反映了对行动研究某些特征的选择性重视。早期行动研究的倡导者拉波波特(Rapoport)将行动研究定义为:"在双方接受的伦理意向中,通过协议既合作解决处于当前问题情境中的人们的实际问题,同时又追求社会科学的知识。"①这一定义突出强调了行动研究中的合作、问题解决和知识产生三个关键特征,展现了行动研究的多重目的。

埃利奥特则将行动研究定义为:"在社会情境中进行的、旨在改善社会情境中的行动质量的研究。"②这一定义强调了行动研究在特定场域中的应用,以及其直接目的在于改善实践效果。埃利奥特的定义关注的是行动研究如何在实际的教育情境中发挥作用,改善教师的教学行为和学生的学习体验。

凯米斯在埃利奥特定义的基础上,进一步深化了行动研究的内涵。他将行动研究定义为:"实践者在社会情境中,为了增强其实践的合理性和正当性,加深其对实践的理解,改善其所处社会情境而进行的自我反

---

① RAPOPORT R N. Three dilemmas in action research: with special reference to the Tavistock experience [J]. Human relations, 1970,23(06):499 – 513.
② ELLIOT J. Action research for educational change [M]. Philadelphia: Open University Press, 1991:69.

思的探究形式。"①这一定义不仅强调了改进实践和增进理解的重要性，还引入了意识形态批判的视角，主张通过行动研究来实现社会情境的改善。

相比之下，斯滕豪斯和博格(Borg)在定义行动研究时，更加关注其方法论特征。博格在其与其他学者的合作研究中，将行动研究定义为一种"实践者用科学的方法对实际问题进行系统研究的方式"②。这个定义强调了行动研究的系统性及其对科学方法的包容性，凸显了行动研究不仅是经验总结或随意性的问题解决，而且是建立在科学方法基础上的实践改进工具。

综合这些不同的定义，我国学者刘良华将行动研究概括为:"行动研究是一种教育实践者(主要是教师群体)系统而公开地解决教育实践问题的研究方法。"③这一定义既反映了行动研究与传统研究的区别，也明确了其作为科学研究方法的本质特点。这一定义在强调行动研究中参与性和实践改进特点的同时，也保持了对其系统性和公开性的描述，兼顾了科学性和实用性。

二、应对行动研究定义的差异

由以上定义梳理可知，虽然行动研究在教育领域得到了广泛应用，但不同学者对它的理解存在显著差异。与其他教育研究方法相比，行动研究的定义差异尤其突出。这种差异源自行动研究理论与实践相结合的独特性质、应用领域的广泛性以及不同学者多样化的目标。作为研究

---

① CARR W, KEMMIS S. Becoming critical: education knowledge and action research [M]. London: Routledge, 2003:162.

② GALL J P, GALL M D, BORG W R. Applying educational research: a practical guide [M]. 4th ed. London: Longman Publishing, 1999:148

③ 刘良华. 校本行动研究[M]. 成都:四川教育出版社,2002:162.

者,理解并有效处理这些差异不仅有助于丰富研究的理论基础,还能增强研究的实践相关性。对于不同学者定义行动研究时的差异,我们可以下述方法应对。

1. 理解定义的背景与目标

不同学者对行动研究的定义往往反映了他们的学术背景和研究目标。例如,拉波波特更关注行动研究的合作性和实际问题的解决,而凯米斯则强调行动研究改善社会情境的作用。研究者应首先理解这些定义背后的学术背景和研究动机,这将有助于在特定研究情境中更准确地应用这些定义。

与此相比,其他教育研究方法的定义通常较为一致。比如,对实验研究、调查研究等研究方法的定义较少出现如此大的分歧,因为这些方法往往有着较为统一的目标和操作流程,而行动研究的定义因其强烈的实践导向性和广泛的应用场景而变得更加多样化。

2. 与研究目标相结合

研究者在进行行动研究时,应根据自身研究的具体目标和情境,选择或调整行动研究的定义。例如,如果研究的重点在于改进课堂教学,那么选择埃利奥特提出的"改善社会情境中的行动质量"的定义会更为合适。如果研究目标包括社会变革,则可以采用凯米斯的定义。通过与自身研究目标相结合,研究者能够增强研究的针对性和有效性。

3. 融合观点,保持开放

一个成熟的研究者应能够将不同学者的观点融合在一起,以形成一个更为综合的研究框架。例如,通过将拉波波特的"合作"和"问题解决"与凯米斯的"社会情境改善"结合,研究者可以创建一个既关注实践又具备批判性思维的行动研究模式。这种融合不仅丰富了研究的理论基础,还使其在实际应用中更加灵活和广泛。

同时，研究者应当始终保持开放的学术态度，不断学习和接受行动研究领域的新观点，并评估其在自己研究中的应用价值。通过这种开放性，研究者不仅能够在行动研究的框架内进行创新，还能推动行动研究的发展。

第二节 行动研究的特性

一、行动研究的关键特征

刘良华总结了行动研究的四个关键特征：参与性、改进性、系统性、公开性。[①]

1. 参与性

参与性是行动研究最核心的特征。自 20 世纪 60 年代斯滕豪斯提出"教师成为研究者"的理念以来，参与性在行动研究中一直占据着重要地位。斯滕豪斯在其人文课程研究项目中进一步发展了这一理念，强调教师在研究中的中心地位，并将这一过程称为"为教师授权"（empowerment）。到了 20 世纪 80 年代，凯米斯进一步明确使用"参与"一词，来表达教师在行动研究中的主动角色。参与性还包括教师之间的合作、教师与研究者之间的合作，以及教师与其他教育参与者（如学校管理者、地方教育官员等）之间的合作。这种多层次的合作使行动研究不仅是个体的反思过程，更是集体智慧的结晶。在批判性和解放性的行动研究中，参与性和合作性更是被视为推动教师自我解放和突破制度约束

---

① 刘良华.校本行动研究[M].成都：四川教育出版社，2002：152.

的重要手段。

2. 改进性

行动研究的首要目标是改进教育实践。早期的行动研究者,如科里,认为行动研究为改进学校实践而开展,强调通过研究直接提升教育质量。然而,随着行动研究的发展,改进的内涵也在不断扩展。凯米斯指出,行动研究不仅在于改进教学实践,还包括改变教师对实践的理解,甚至涉及改变教育现象背后的社会意识形态。即行动研究的改进不仅限于课堂和学校,还可能影响更广泛的社会情境。通过行动研究,教师不仅能改进自己的教学,还能加深对教育现象的批判性理解,从而推动更深层次的社会变革。

3. 系统性

尽管行动研究因其灵活性和实践导向性而著称,但它仍然强调研究过程的系统性和方法的科学性。勒温提出的"计划—行动—观察—再计划"的循环过程,奠定了行动研究在方法论上的基础,展现了行动研究的系统性。这种过程不仅使得研究者能够逐步完善和优化实践方案,还确保了研究的严谨性。虽然行动研究相比于传统实证研究在控制变量和设计严密性上的要求较为宽松,但它同样强调系统性数据收集和分析的重要性。斯滕豪斯指出,行动研究作为一种研究方法,必须具备"公开而系统的探究"的特质,这也意味着它不仅是实践者的即兴反应,更是基于科学方法的持续性探索。[1] 博格也强调了行动研究的系统性,认为系统地收集资料和分析资料是行动研究与简单的经验总结或随意性的问题解决的根本区别。因此,系统性使行动研究能够有效地解决教育实践中的复杂问题,而不是仅仅依赖零散的或偶然的思考来得出结论。

---

[1] STENHOUSE L. The problem of standards in illuminative research [J]. Scottish educational review, 1979,11(01):5-10.

4. 公开性

公开性是行动研究的另一个核心特征,它在两个方面发挥着重要作用。首先,公开发表研究过程和结果有助于推动教育实践的透明化与共享。斯滕豪斯认为,公开发表是任何研究活动都具备的一个重要特征。通过将研究成果公开,研究者不仅可以接受公众的批评和建议,推动研究的进一步完善,还能够促进研究成果的传播,供他人参考和借鉴,从而扩大研究的影响力。其次,公开性也体现在行动研究中的合作上。行动研究通常不是由个人独立完成的,而是依靠多方合作,包括教师、研究者、学校管理者和其他教育利益相关者的共同参与。这种合作使研究过程更加开放,能够汇集多方智慧和资源,确保研究结果更加全面和实用。公开性不仅提高了行动研究的信度和效度,还为教育实践者之间的知识共享和协作共进提供了平台,使行动研究的成果能够在更广泛的教育实践中得到应用和推广。

二、对比行动研究

行动研究的倡导者施穆克(Schmuck)概括了行动研究与传统研究的四大区别:改进与解释、发展与知识、观察与实践、实地的与普遍的。高尔(Gall)等人将教育研究根据控制变量的程度划分为三类:基础研究(basic research)、应用研究(applied research)和行动研究(action research)。基础研究和应用研究属于正规教育研究(formal research),需要精确的变量控制,而行动研究在这方面的要求则较为宽松,它更多关注现实情境中的实际问题解决。尽管如此,行动研究仍然被认为是一种科学的研究方法,而非随意的问题解决。高尔等人对比了行动研究和其他研究的差异,揭示了行动研究与它们在本质上的不同。[1]

---

[1] 请见:GALL J P, GALL M D, BORG W R. Applying educational research: a practical guide [M]. 4th ed. London: Longman Publishing, 1999:478 – 480.

1. 研究者技能的差异

在传统的实证研究中,研究者通常需要具备高度专业化的技能,特别是在定量研究中,研究者需要熟练掌握测量技术和数理统计方法,确保数据的收集和分析具有高度的准确性与可靠性。定性研究则要求研究者在处理和解释大量复杂的非结构化数据时具备敏锐的分析能力。相比之下,行动研究的初衷是让教育实践者直接参与研究过程,因此并不要求其进行过于复杂的研究设计或统计分析。行动研究的重点在于实际问题的解决,因此一般的教育实践者也能够胜任行动研究,无须进行高度专业化的训练。这一特点使得行动研究在教育领域中广泛普及,因为它能够直接回应教师和教育管理者的实际需求。

2. 研究目的的差异

传统研究通常旨在发展和验证理论,以生成具有广泛适用性的知识体系。这些理论知识能够为更大范围的学术讨论提供基础,并推动学科的发展。然而,行动研究的目的是解决当前实际情境中的具体问题,它更关注如何通过研究直接改进教育实践,提升研究者的个人能力。这种实用主义导向使得行动研究与传统研究在目标上存在显著差异。行动研究的结果往往是立即可用的策略和方法,而非抽象的理论。

3. 研究问题确定方式的差异

在传统研究中,研究者通常通过广泛的文献回顾来确定研究问题,这些问题可能与研究者的兴趣或学科的发展有关,但不一定直接影响研究者的日常工作。传统研究的研究问题通常具有很强的理论意义,但对实践的直接影响可能有限。相反地,行动研究者关注的研究问题通常直接源自他们的工作实践,他们关注那些能够提高其自身或同事工作效率的问题。这种从实际问题出发的研究问题确定方式,使行动研究更具实践意义和现实针对性。

4. 对文献研究态度的差异

传统研究依赖广泛的文献研究,研究者通过获取大量原始资料来建立坚实的理论基础。这种广泛的文献回顾不仅帮助研究者全面了解研究领域的现状,还为研究设计和结果解释提供了重要的背景知识。然而,行动研究的文献需求则相对较低。行动研究者对相关研究有大致的了解即可,二手资料常常足以支持其研究的开展。这种简化的文献需求,使行动研究能够更加迅速地回应实践中的问题。

5. 参与者选择方式的差异

在传统研究中,研究者倾向于选择具有代表性的样本,以确保研究结果具有普遍性。这种样本的抽样过程通常十分严格,旨在最大限度地消除研究中可能存在的偏见。而行动研究通常研究的是研究者自己教学环境中的学生或其他相关人员。由于行动研究旨在解决具体的、当前的实践问题,因此对样本代表性的要求较低,重点在于研究结果的直接适用性。

6. 研究设计的差异

传统研究通常依赖精密的研究设计,以确保控制那些可能影响结果解释的无关变量。例如,定量研究中的实验组与控制组必须在各种条件上保持一致,以确保结果的科学性。定性研究同样重视数据的真实性和可靠性,要求研究设计具有高度的周密性。相比之下,行动研究在设计上更为灵活和自由。行动研究允许在研究过程中根据实践需求进行调整,不强调对情境的严格控制。这种灵活性使得行动研究更能适应教育实践中的复杂性和多变性。

7. 资料收集程序的差异

传统研究通常使用高度可靠的资料收集方法,这些方法须经过反复验证,以确保其有效性。在研究正式开始之前,研究者可能还会进行预测性研究以确保数据收集方法的适用性。而在行动研究中,研究者常常采用更为简便的方法,如观察、与学生谈话或课堂测验等。这些方法更贴近实际教学情境,能够快速提供有价值的信息,尽管其科学性可能不如传统研究中使用的方法高,但其在实践中的适用性极强。

8. 资料分析方法的差异

传统研究往往依赖复杂的统计分析程序,研究者使用各种统计工具来验证假设,确保结果具有统计学意义。这些分析通常涉及复杂的数学模型和算法,以确保结论的普遍性和可靠性。相比之下,行动研究则更关注实际效果,数据分析往往更为直接和简便,重点在于使结果能够应用于当前的实践情境。这种实践导向的分析方式使行动研究的结果更具可操作性。

9. 结论应用的差异

在传统研究中,研究者通常强调结论的理论意义及其对后续研究的启示,这些结论可能对学科的发展产生深远的影响。然而,这些研究结论的实际应用往往被视为次要问题。行动研究则不同,研究者最关注的是研究结论的实践意义。这些结论被用来直接改进研究者自己的实践,并且这些结论对其他教育实践者也有非常重要的参考价值。因此,行动研究的结果常常具有即时的实用价值,能够迅速应用于实际教育情境中。

总体来说,本章通过对行动研究的定义和不同学者观点的探讨,深入展现了这一研究方法的多样性与复杂性。行动研究因其灵活的实践导向和广泛的应用场景而在不同学者对其的定义上表现出显著差异,这种差异反映了各个学者对行动研究的不同侧重。作为研究者,理解这些差异并学会灵活应对,是有效开展行动研究的重要前提。在实际应用中,研究者应根据具体的研究目标和情境,选择最适合的定义或融合多种观点,确保研究的实践导向明确,且体现行动研究的关键特征。

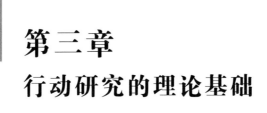

第三章
行动研究的理论基础

　　本章的内容主要在《校本行动研究》一书相关观点的基础上展开,旨在深入探讨行动研究的理论基础,帮助读者理解其在教育研究中的独特作用。行动研究作为一种实践导向的研究方法,不仅涉及对教育现象的批判性反思,还融合了多种理论视角,如批判理论和解释学。这些理论视角为行动研究提供了深厚的哲学背景,使其能够有效地应对教育实践中的复杂问题。通过阅读本章,读者将能够理解行动研究如何在理论与实践之间架起桥梁,并认识到在教育领域中,行动研究不仅是解决具体问题的工具,更是促进教育实践者自身发展的有效途径。

第一节　批判理论视域中的行动研究

一、批判理论的应用及其分歧

1. 批判的行动研究

　　批判理论是当代行动研究的重要组成部分。然而,不同学者在批判的具体方式上存在分歧。埃利奥特与舍恩等人强调实践的行动研究或反思的行动研究,在他们的观点中,批判代表研究者反思并与制度保持一定的合作关系;而格伦迪(Grundy)、凯米斯与卡尔等人则倡导解放的行动研究或批判的行动研究。尽管后者构成了行动研究的新方向,但前者也以"批判关怀"的方式参与了新方向的制定。[①]

---

① 刘良华. 校本行动研究[M]. 成都:四川教育出版社,2002:89－90.

　　倡导解放的行动研究与批判的行动研究的学者认为,教师在反思个人实践与社会生活方式时,必须对制度及其意识形态持有批判态度。其目标是恢复教师作为教育实践者的"自我意识",从而使他们从非理性的信念及意识形态的误区中解放出来。卡尔与凯米斯提出五个坚持解放的行动研究的要求:

　　(1) 提倡辩证的理性,拒绝实证研究的理性、客观和真理式的立场。批判的行动研究不将研究对象视为独立现象,而是强调研究者与实践、理解或社会情境的相互构成关系。批判的行动研究部分地接受解释学的观点,强调行动者理解的变化是超越社会现实的关键。

　　(2) 教育实践的解释应由教育实践者进行,而非外部专家。

　　(3) 批判性研究者需要努力反思,超越意识形态的曲解。

　　(4) 批判性研究者应揭示阻碍教师追求理性目标的社会规则。

　　(5) 批判性研究者需要意识到行动研究与实践的关系,即行动研究的目的是通过研究发现问题并采取措施,从而克服制度障碍、改善教师的工作。[①]

　　秉承这些立场,金奇洛对埃利奥特与麦克尼夫(McNiff)等人倡导的行动研究提出了批评,认为许多行动研究缺乏批判意识,而无批判的行动研究仅是特定情境下对某种理论的应用。金奇洛认为,实证研究无法满足教师的期望与需求,既未明确问题,也未解决问题。这使得教育研究对教师实践的改变作用大打折扣,他建议重新思考教师成为研究者的观念。

2. 反思即批判:反思性实践

　　埃利奥特在反思"福特教学研究"时,意识到了批判理论在行动研究

---

① CARR W, KEMMIS S. Becoming critical: education knowledge and action research [M]. London: Routledge, 1986:129 – 130,180 – 209.

中的重要性,指出教师的行动自由受制于制度、社会与政治。要改变课堂、促进教师专业发展,必须以理解制度化结构为基础。刘良华认为,埃利奥特与凯米斯等人都承认批判在行动研究中的价值,但凯米斯等人坚持哈贝马斯的批判理论,倡导解放的行动研究,而埃利奥特等人则认为反思性实践本身已具备足够的批判力量。[①]

麦克尼夫对批判的行动研究提出了质疑,认为从未有研究通过宏大理论真正带来自由和解放。此外,麦克尼夫批评该学派的语言过于抽象复杂,使得教育实践者甚至研究者都难以理解,反而制造了一种学术帝国主义。相反,麦克尼夫和埃利奥特等人倾向于将行动研究解读为反思性实践,认为其中已经包含了足够的批判元素。两派的分歧主要集中在个人与制度的关系上。凯米斯等人认为教师必须对制度及其意识形态保持批判态度,而埃利奥特等人则主张在反思制度局限性的同时,与制度保持合作而非对抗的态度。

二、个人与制度:批判与实践的行动研究之分野

个人与制度的关系是批判的行动研究与实践的行动研究共同关注的焦点,对这一关系的不同认识导致了两派的分歧。批判的行动研究注重制度对个人自由的限制,往往忽视了制度对个人自由的保护;而实践的行动研究则反对犬儒主义,倡导个人从制度中解放,同时承认制度在一定程度上为个人提供了框架和支持。

埃利奥特强调合作在行动研究中的重要性,并指出在制度化情境中,教学改革并非由个人创造的简单过程,而是受制度限制的结果。教师在进行行动研究时,无法忽视课程制度的影响,也容易将行动研究视

---

① 刘良华.校本行动研究[M].成都:四川教育出版社,2002:89-90.

为改进教学技巧的技术手段。他认为,将教学实践变革视为教学技术的发展是权力制度为教育实践者构造的幻象。为抵制这种技术统治,埃利奥特提倡合作性的集体反思,以推动整个制度的发展。

在使用行动研究抵制制度的技术统治时,埃利奥特提出了创造性整合的方式。他认为合作的行动研究包含了对制度的反思,合作性的反思最终会推动制度的发展,因此不需要发展成反抗或阻止的形式。相较而言,批判的行动研究更为激进,倡导启蒙与解放,希望通过反抗不平等和非正义来获得自由。刘良华认为,凯米斯等人的批判性范式建立在制度与结构独立于教师个人活动的错误假设上。

综上,实践的行动研究与解放的行动研究都强调教师在制度、习俗和传统面前应保留自由人格与独立精神,分歧在于个人应如何对待制度:是批判与对抗,还是反思与合作。

三、改变教师的日常生活

对个人与制度关系的思考涉及教师对自由生活的情感、对存在意义的理解及对生活理念和哲学的构建与选择。刘良华认为,以重复、操作为特征的"日常生活"与以创造、发现和批判为特征的"非日常生活"相互渗透而又相互对立。虽然日常生活提供了安全感,但如果教师过度沉湎于制度化的日常生活,则会削弱反思、创造的能力和自我意识。行动研究中的批判正是为了防止教师陷入制度化的日常生活,因此需要对其进行批判与重建。

改变教师的日常生活首先需要教师过一种"反思的生活"。教师的日常生活既包括学校之外的生活,也包括学校中的日常教学生活。这两种生活并非相互对立,教师在学校之外的生活方式往往影响其教学方式。在教学研究中,教师在潜意识里会关注研究如何影响自己的生活方式。因此,教师改变教学必须以对日常生活的反思为前提。

　　对日常生活的反思本质上是"用理性重新思考和评判生活中的种种事件,并以积极的心态面对生活中的问题,使自己成为自己的主人,既不听天由命,也不轻易受制于他人"①。刘良华认为,教师成为反思性生活者是行动研究的前提,舍恩提出的"反思性实践者"的概念正是为了强调教师反思性生活的重要性:"行动研究的真实目的在于激励和唤醒长期沉睡于'想当然'的生活世界中的教师,使其具有更多的创造与变革意识,从而脱离重复的日常生活,转向反思的、非日常的生活。"②

第二节　解释学对行动研究的解释

　　在讨论教育理论与实践的辩证关系时,行动研究的倡导者往往追溯到古希腊时期的实践(praxis)的概念。在古希腊,实践对应的是实行或生产,而非理论本身。实践并不包含内在的目的性,而是指在接受某种目的后的操作过程。与实行或生产不同,实践是"有目的、有价值判断的反思活动"③,也被称为反思性实践。现代英语中的"实践"(practice)一词继承了这种双重意义,既包含反思性实践,也包含实行或生产。卡尔、舍恩等学者强调的反思性实践实际上是希望恢复古希腊时期实践的原始意义,以应对教育研究中理论与实践之间的紧张关系。

---

① 刘良华.校本行动研究[M].成都:四川教育出版社,2002:104.
② 刘良华.校本行动研究[M].成都:四川教育出版社,2002:106.
③ 刘良华.校本行动研究[M].成都:四川教育出版社,2002:107.

一、解释学视角下的"行动引起反思"

埃利奥特提出了"行动引起反思"的观点，这是他在理解行动研究时引入解释学的结果。根据解释学的观点，在日常实践中，偏见（biased）和前见（prejudices）构成了情境理解（situational understanding）的基本原则。在解释学中，情境理解以公开的情境为基础，即在达成情境理解的过程中，人们需要对自己的偏见进行修正，而非彻底抛弃。将解释学引入行动研究后，教师的内隐理论被视为与偏见和前见类似，是教师进行反思的前提条件。

弗谢和古德森认为，很多人觉得研究应当客观，认为偏见会影响客观性，但偏见实际上是源于个人或群体经验的内隐偏好。因此，为了减少偏见，个人的价值观形成过程本身应当接受审查。通过这种审查，研究者能够意识到自己的价值观，从而避免理解上的偏差。

这种对教师内隐理论的理解，是将其视为实践时行动的前提。在反思性实践中，教师会逐步修正内隐理论，这就是埃利奥特提出的"行动引起反思"。刘良华总结了埃利奥特所划分的行动研究的两种类型：一是反思引起行动，即教师在对实践中出现的问题进行系统思考后，基于尽可能客观的解释与理解，改进教学。另一种是行动引起反思，即教师在实践中通过改变教学策略来解决问题，通过自我监控和反思来改进教学策略，并调整和修正最初对问题的理解。在这种情况下，教学策略的改变先于教师对问题的系统理解与观念变化。[①]

埃利奥特接受了斯滕豪斯提出的"教师成为研究者"的观念，但将其转化为反思性实践者。他不赞成将教师的教学与实践视为两个独立的过程，而是倡导将反思性实践本身视为研究。埃利奥特认为，这样可以

---

① 刘良华.校本行动研究[M].成都：四川教育出版社，2002：111.

避免教学与课程开发的分离,不会强行将教师的理解和语言转化为学术语言。在这一认识下,埃利奥特建议教师在必要时接受自己的理解(包括"偏见")或他人,尤其是校外促进者的行动策略,即实验性教学策略(experimental teaching strategies)。相对而言,斯滕豪斯则不太赞成校外促进者为教师提供具体的教学策略,认为这样可能因具有强制性而引起教师的反感。埃利奥特认为教师可以自由选择他人的观点,并通过行动中的反思对原始策略进行调整和修正,这一观点便是受到了解释学的启示。

二、情境理解的危机

刘良华认为,埃利奥特在使用解释学阐释实践的行动研究时,进行了两次关键的转换。第一次转换是将解释学中的"前见"转化为行动研究中的实践策略(或"偏见"与"假设")。这种转换肯定了教师内隐理论在实践中的重要性,为实验性教学策略找到了理论支持,基本符合解释学的原理。第二次转换是将解释学中的"文本的解释和理解"转换为行动研究中的"情境理解",即将实践视为等待解释和理解的文本。然而,这种转换忽视了解释学中待理解的基本文本的内涵,它指的是:"隐藏在语言中的历史和艺术以及世界观,或者说是包容了历史、艺术与世界观的语言。解释学更重视人在历史和艺术对话过程中追求'视界融合'的过程,从而获得对人的生命的体验,并达成对人的实践意义的理解。"①

在这种情况下,埃利奥特将实践视为等待理解的基本文本,导致了其与历史传统和历史文本的脱节,并可能引发行动研究的危机。尽管如此,刘良华认为,埃利奥特将解释学的观点引入行动研究,以反抗实证主义,在某种程度上为行动研究找到了自我意识。

① 刘良华.校本行动研究[M].成都:四川教育出版社,2002:115.

第三节　挑战传统的教师培训方式

在前两节中，我们探讨了批判理论和解释学作为行动研究理论基础时涉及的相关内容。通过分析行动研究如何结合批判理论来反思制度和个人之间的关系，以及如何运用解释学方法来理解教育实践中的行动与反思的互动，可以形成认识行动研究的多维视角。然而，理论的探讨不仅限于批判理论和解释学的框架，还必须回归实践层面，特别是回归对教育者的培训和对知识生成过程的探讨。第三节将继续这一探讨，聚焦如何通过校本教师培训与个人知识的生成，进一步挑战和丰富传统的教师培训模式，从而使行动研究的理论基础得以深化和应用。

一、转向校本教师培训

在传统的教师培训中，教师被视为被培训者的定位使他们的教育实践工作与所学知识常常处于分离状态。尽管教育界不断呼吁"教师成为研究者"，但传统的教师培训仍以专家讲授教育研究方法为主，忽略了教师的主观能动性和实际需求。要解决这一问题，需要将教育研究方法的知识与教师的实际教育生活相结合，而非将二者对立起来。

这种分离部分是由对知识不确定性的认知导致的。在传统研究中，教师生活中的不确定性通常被视为障碍，而这种看法实际上忽视了教师真实的教育生活。当教育研究方法的知识重新回归教师的实践行动中时，传统研究中强调的确定性将转变为一种基本的不确定性。这意味着,教师在面对不确定的教育问题时,需要在充满不确定性、疑惑和多种可能性的生活中进行决策,并通过实践获得一定的确定性。

除了对不确定性的处理,教育研究要回归教师的教育生活,还需要关注研究的可靠性和有用性。刘良华认为,教育研究的关键不在于其是否能经受重复性实验或统计学测量的检验,而在于能否解决教育实际问题并改进实践。

在这一框架下,校本教师培训与传统培训的主要区别有两点:首先,在校本教师培训中,教师不再是旁观者,而是通过参与来理解和掌握教育研究方法;其次,校本教师培训关注的可靠性并非绝对意义上的科学性,而是研究的实际有用性,即研究能否解决实际问题并推动教育实践的改进。总体来说,校本教师培训具有面向事实本身的特性,这体现在以下几个方面:

（1）对教育活动的旁观和客观性分析不能保证对教育事实的真正理解。真正的理解需要通过参与教育活动,成为“当局者”。

（2）对教育事实的理解不仅依赖“教育器具”的知识,还需要通过亲身实践这些器具,从而实现从“有用性”到“可靠性”的转变。

（3）在从知识到信仰的转变过程中,行动、思考和言论至关重要。因此,对教育活动的理解不仅要恢复其本质状态,更重要的是参与对教育的改造。

（4）分析“教育器具”与作品是接近教育事实的基本途径。①

二、教师的个人知识

在新的知识观下,真正的知识来源于实地求知和探索。尽管人类最

---

① 刘良华.校本行动研究[M].成都:四川教育出版社,2002:125-126.

初追求知识时是为了寻求确定性，伴随着情感的投入和行动的参与，但随着知识世界与生活世界的日益分离，当今学校所面临的许多教育危机正是源于这种脱节。刘良华认为，知识世界远离生活世界，主要是因为知识被过度抽象和普遍化，所以失去了其本应具备的情感性和行动性。

在教师层面，知识世界与生活世界的分离表现为，教育知识和研究知识的体系化发展往往以宏大叙事的方式呈现，远离了教师的实际教育生活，从而失去了知识的情感性和行动性。教育研究中的许多危机也因此产生，这与教育理论知识的客观和旁观立场有着密切的关系。

杜威认为，原始人的知识与行动和情感密切相关，他们在记忆和讨论时重视知识的情感价值和行动价值。然而，随着知识研究机构的专业化，知识的情感性和行动性逐渐受到质疑，杜威将其归因于对"绝对确定性"①的追求。他指出，实际行动所涉及的情境永远不会完全重复，也因此无法完全确定。这种不确定性使人们对自身及其活动的思想产生怀疑，从而导致对纯粹知识的追求，以期达到超越自我的境界。刘良华认为，问题不在于对确定性的追求，而在于当知识研究者过度专注于纯粹知识而忽视了人类的情感和行动时，知识便被局限在抽象和普遍化的幻想中，脱离了人的实际生活。要恢复知识的合法性，就必须回归到人的行动中，在行动中寻求知识的确定性，这种确定性才真正具有情感的安全感和可靠性。

刘良华归纳了学校教育中常见的知识追求错误：一是忽视生活；二是虽然关注了生活，但将教育视为为未来生活做准备，而忽视了当下的生活；三是虽然关注当下的生活，但没有将教育追求理解为当下的幸福生活。

---

① （美）约翰·杜威.确定性的寻求——关于知行关系的研究[M].傅统先，译.上海：上海人民出版社，2005：18.

为解决这些问题,刘良华提出,应该进一步理解杜威的"教育即生长"思想,将其视为"教育即幸福地生长"。[①] 幸福生活是一种充满热情的生活,知识追求的根本目的是过一种热情的生活,而知识追求的过程本身也是激发热情的过程。在关注情感性和行动性的基础上,知识应当是有用的、有意义的、有价值的、有力量的。真正有力量的知识,需要通过个人的探索、实验和研究,以自己的眼光重新审视知识,从而使知识表现出情感性和行动性的特征,最终成为个人知识。同时,重视个人知识并不意味着否认客观知识的存在。

总体来说,本章从多个角度探讨了行动研究的理论基础,帮助读者全面理解这一研究方法。首先,通过分析批判理论在行动研究中的应用,阐明了行动研究是如何通过反思制度与个人的关系推动教育改革的。接着,讨论了解释学的视角,探讨了行动研究中反思性实践的重要性,并说明了行动研究如何在实际教学情境中通过"行动引起反思"来促进教师的发展。这些理论探讨旨在帮助教育研究者和实践者理解行动研究在教育变革中的潜力与局限性。

---

① 刘良华.校本行动研究[M].成都:四川教育出版社,2002:138.

第二部分
行动研究方法

本部分系统性地介绍了行动研究的具体操作步骤和方法,旨在为读者提供实践指导。第四章介绍了行动研究适用范围和一般程序,可以帮助读者了解行动研究在教育情境中的灵活应用。接下来的章节按照行动研究的经典循环(计划—行动—观察—反思)详细分解了每个环节的关键策略与实操方法。第五章到第七章依次深入探讨了如何制定计划、实施行动、进行观察以及开展反思,为读者提供了实践中的细节指导。第八章进一步介绍了修正与再行动的步骤,强调了行动研究的循环特征与动态调整能力。第九章聚焦于行动研究成果展示与报告撰写,涵盖了如何呈现研究成果、传播研究发现的方法及撰写行动研究报告的技巧。第十章首先聚焦行动研究中的合作,讨论了在行动研究中与不同参与者建立有效关系的方法;接下来讨论了行动研究中的常见挑战与应对方式。这一部分内容通过详细的步骤指导与策略建议,帮助读者将理论付诸实践,在实际教学情境中灵活应用行动研究的方法。为帮助读者理解具体行动研究步骤在现实中的应用,本部分基于虚拟研究场景呈现了相关模拟案例作为示例。

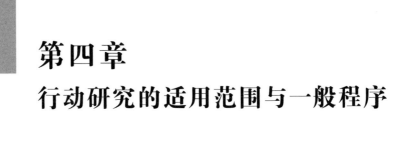

第四章
行动研究的适用范围与一般程序

第一节　行动研究的适用范围

行动研究在教育科研、教师教研、教师职业发展等多个领域广泛应用，研究内容可以包含教育实践从宏观到微观的所有层面，例如课程发展、教学方法、学习策略、学生态度与价值观、学校行政管理与政策等。在开展行动研究之前，需要了解其适用范围。明确行动研究适合的应用人群、研究内容和环境可以加强研究的有效性和针对性，使研究过程更顺畅。通过深入理解行动研究的适用范围，研究者能够更好地规划和实施研究，确保其方法和目标相匹配。

一、谁适合开展行动研究

行动研究是一种灵活且实践导向的研究方法，适合广泛的人群，包括中小学教师、教育管理者、教育改革者、高校教师及学者、在读硕士及博士研究生等。

中小学教师是行动研究的核心实践者。他们可以通过行动研究直接改进课堂教学，改善学生的学习体验。教师可以在日常教学中发现问题，通过行动研究的循环反思过程，不断调整和优化教学策略，从而改进实践。

教育管理者，如学校校长和区域负责人，也可以是行动研究的发起者。他们可以利用行动研究评估和改进学校的管理政策与实践。通过行动研究，教育管理者能够结合实际情境中的反馈，调整政策并推动整体学校文化的积极变革。

教育改革者,尤其是致力于推动系统性教育改革的人员,能通过行动研究验证新政策的有效性并进行修正。行动研究允许他们在改革实施的过程中根据实践者的反馈灵活调整,从而确保改革措施的实际效果和可持续性。

在高等教育领域,行动研究对不同群体的研究者具有不同的意义和应用方式。对于一般的高校教师来说,行动研究提供了一种能够将教学与反思紧密结合的路径。他们可以通过行动研究在自己的课堂中探索和改进教学设计、教学策略,了解新技术和新方法对学生学习的影响。这种实践导向的研究方式有助于推动教学改革并提高教学质量,使教师能够在真实的教学情境中不断优化他们的教学实践。而对于专注于教育研究的高校学者,尤其是那些从事教育科学研究的人员来说,行动研究则更多地作为一种研究方法被应用。这些研究者通常会与中小学教师合作,通过行动研究来探索具体教育情境中的问题并提出解决方案。这种合作研究模式不仅可以增强教育理论与实际教学的关联性,还可以促进教育理论的发展和创新。对这一群体来说,行动研究主要是作为一种能够激发反思和促进教育实践改进的工具。通过与教育实践者的紧密合作,教育研究者能够更深入地理解教育现象,并通过持续的反思和调整来推动教育变革。

在读硕士和博士研究生,尤其是教育学、心理学等领域的研究生,也可以通过行动研究的方法进行学术研究。研究生可以通过行动研究将理论学习与教育实践相结合,直接在教育情境中进行研究。这种方法不仅可以帮助研究生更好地理解和应用教育理论,还为他们提供了真实的研究体验,使他们的研究具有更强的实践导向和社会影响。

二、行动研究适用的领域有哪些

行动研究适用于教育实践的各个领域，在需要不断改进和反思的实践中尤其适用。课堂教学是行动研究最直接的应用场景。教师可以通过行动研究来探讨教学方法的有效性、学生学习方式的效果以及课堂管理策略的改进。行动研究可以帮助教师在实际教学中发现问题，并通过循环反思不断提升教学质量。

课程开发也是行动研究的重要应用领域。在课程设计和实施过程中，教师和课程开发者可以通过行动研究来测试与改进课程内容、教学材料、评估方法。行动研究使课程开发过程更加灵活、更具适应性，能够根据学生的需求和反馈及时进行调整。

行动研究还适用于学校管理和教育政策的实施与评估。教育管理者可以利用行动研究评估学校政策的执行效果，并通过反思性实践，调整和优化管理策略。教育政策制定者也可以通过行动研究来检测新政策的影响，及时修正政策中的不足之处，使其更好地服务于教育目标。

三、行动研究适用的研究环境有哪些

行动研究最适合的研究环境是具有动态特征和复杂性的真实教育情境，如教室、学校以及更广泛的教育社区。行动研究强调在实际情境中进行研究，教师可以在日常教学中直接观察自己的教学行为、学生的反应、课堂氛围，从而及时进行反思和调整。

学校作为行动研究的主要场所，提供了一个复杂而多变的环境，适合进行长期和持续的反思与改进。学校中的行动研究不仅能提升教学质量，还能丰富学校文化，推动教师的专业发展。此外，在教育社区中，家长、学生和社区成员的参与为行动研究提供了丰富的反馈和多元的视角，使研究结果更加全面和具有实践意义。

第二节　行动研究的一般程序

一、行动研究的三种模式：技术、实践与解放

在行动研究领域中，研究者根据不同的研究目标和理论背景，发展出了多种研究模式。凯米斯和格伦迪借鉴哈贝马斯的人类认识旨趣理论，将行动研究分为三种模式：技术的行动研究、实践的行动研究和解放的行动研究。理解这三种模式有助于研究者选择最适合其研究目标和背景的行动研究方法。

1. 技术的行动研究

技术的行动研究在行动研究的发展初期占据重要地位，特别是在20世纪40年代和50年代，由"行动研究之父"勒温推动了这种模式的发展。勒温的研究强调通过科学方法来改进教育实践，提出了"计划—行动—观察—再计划"的研究循环，被广泛应用于早期的教育改革中。

技术的行动研究旨在通过严谨的研究设计和科学的研究方法解决具体的教育问题。在这一模式中，外部研究者通常扮演主导者的角色，他们为教师设定研究假设，并通过教师的实践验证这些假设。这种方法尽管在提升教育实践的效率上有显著效果，但也容易忽视教师自身的实践需求和兴趣，导致研究与实际教育情境脱节。

2. 实践的行动研究

实践的行动研究在20世纪60年代得到了发展，代表人物包括凯米斯和埃利奥特。这一模式强调通过反思性实践加深教育者对教学活动

的理解并加以改进。实践的行动研究不再依赖外部研究者的指导，而是鼓励教师在实际教学中进行自主反思和研究，以增加实践智慧。

与技术的行动研究不同，实践的行动研究更关注教师个人的经验和反思，倡导通过教育者自身的理解来推动实践改进。此模式特别适合那些希望通过不断反思和改进来改善教学效果的教育者。

3. 解放的行动研究

解放的行动研究在 20 世纪 70 年代和 80 年代逐渐形成，受到哈贝马斯的批判理论影响，代表人物包括凯米斯、卡尔和格伦迪。这一模式不仅关注实践改进，还试图通过批判性反思和集体行动来改变社会与制度环境。

解放的行动研究超越了个人实践的范畴，力求通过教育研究推动更广泛的社会变革。此模式强调在教育实践中揭示和挑战意识形态与权力结构，旨在实现社会正义和教育公平。它适合那些致力于通过教育研究促进行动和社会变革的学者及实践者。

通过了解这三种行动研究模式，研究者可以更好地选择适合其研究目标和背景的方法。在接下来的章节中，我们将探讨行动研究的一般程序，帮助读者将这些理论应用到实际研究过程中。

二、行动研究的一般程序

行动研究的经典程序通常可以追溯到勒温的"计划—行动—观察—再计划"的螺旋循环模型。这个模型为行动研究提供了一个逻辑框架，使研究者能够通过反复的计划、行动、观察和评估，逐步改进实践。20 世纪 80 年代，凯米斯对这一程序进行了改造，提出了"计划—行动—观察—反思"(plan - act - observe - reflect)的螺旋循环，被称为"凯米斯程序"(见图 4 - 1)。

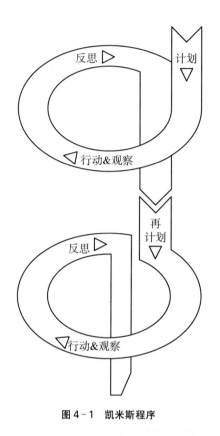

图4-1 凯米斯程序

凯米斯的改造突出反映了以下几个方面的特征。

(1)反思的持续性:反思作为行动研究的核心,贯穿整个研究过程。

(2)资料收集的重要性:观察阶段不仅包括资料的收集,还包括对收集到的资料进行分析。

(3)螺旋循环的结构:这一结构象征着行动研究是一个持续改进的过程。

尽管凯米斯程序在行动研究领域得到了广泛认可,但同时也遭到了一些批评。例如,埃利奥特提出,研究过程中的基本主题不应一成不变,而是应允许在研究过程中进行调整和转变(见图4-2)。他还建议在实施行动之前进行谨慎的观察和分析,以确保研究的有效性和灵活性。

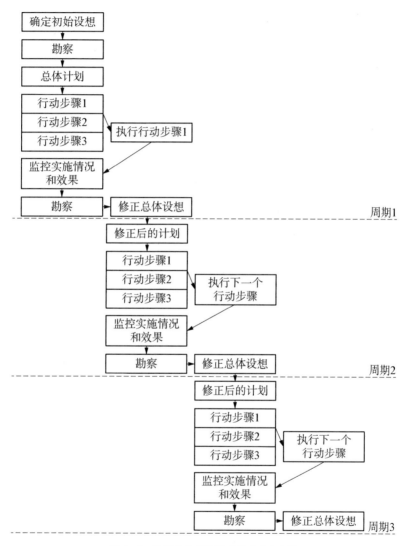

图 4 - 2　埃利奥特的阶梯式行动研究步骤

除了凯米斯程序,其他学者也提出了不同的改进方案。例如,埃巴特(Ebbutt)基于埃利奥特的观点,对凯米斯程序进行改写,强调研究过程中基本主题的可变性（见图 4 - 3）。麦克尼夫则提出了"生成性行动研究"的概念，其研究步骤关注教育情境的复杂性，提出在研究过程中可能会生成新的分支问题，这些问题需要在主要研究主题的框架下同时进行探讨（见图 4 - 4）。

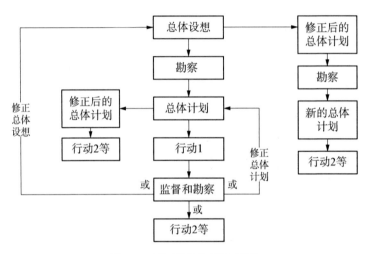

图 4 - 3　埃巴特的行动研究流程

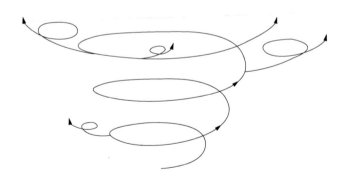

图 4 - 4　麦克尼夫的生成性行动研究示意

　　麦克尼夫的改进显示出对教育情境的复杂性和整体性的高度关注，这使得这种研究方法更加灵活。然而，这种方法也可能导致研究者在处理多个问题时分散注意力。因此,研究者在采用这一程序时需要平衡主要问题与分支问题之间的关系,确保研究的焦点和深度。

尽管凯米斯程序和其他改进版本在行动研究中得到了广泛应用,但也有学者主张,行动研究并不需要严格遵循固定的程序。例如,博格等人提出了一种更加广泛的七步程序,涵盖了从确定问题到报告研究结果的整个过程。这种程序与一般的科学研究方法在逻辑上保持一致,同时强调研究步骤的灵活性和适应性。

行动研究的程序与一般科学研究的程序并无本质区别,研究者可以根据具体情况对程序进行适当调整。行动研究的核心在于为教师提供足够的自由空间,以便他们在实践中进行批判性反思。因此,尽管行动研究有其基本程序,但这些程序更应被视为指导性框架,而非严格的操作步骤。

行动研究的程序为研究者提供了结构化的路径,以系统地进行教育实践的反思与改进。不同的模式对程序的设计有不同的要求,技术的行动研究倾向于严格的科学方法,实践的行动研究强调反思过程,而解放的行动研究则关注社会变革。这些程序和模式的多样性表明,行动研究是一种灵活且广泛适用的研究方法,可以根据研究目标和情境的不同进行调整与应用。

三、行动研究的具体操作步骤:基于凯米斯程序

在前面的小节中,本书探讨了行动研究的适用范围和一般程序,帮助读者了解了行动研究在教育领域中的广泛应用及其多样化的研究模式。本书在介绍行动研究的具体操作步骤时,主要采用了凯米斯的螺旋式模型(即凯米斯程序),这一模型通过"计划—行动—观察—反思"的循环过程,为行动研究提供了一个系统而全面的框架,因其结构化的步骤

设计和持续改进的特点，被广泛应用于教育实践中。

　　同时，本书在介绍过程中也融合了埃利奥特的阶梯式行动研究步骤及麦克尼夫的生成性行动研究的思想。埃利奥特的步骤为教师在实际教学中如何操作提供了清晰的指引，具体包括确定研究问题、设计和实施教学策略、进行观察记录以及反思评估等。这种方法可操作性强，被教育实践者与教育研究者广泛应用。麦克尼夫的生成性行动研究思想强调对教育情境复杂性和整体性的关注，与凯米斯和埃利奥特行动研究的程序可以形成良好互补。

　　本部分在其后的章节中为行动研究的具体操作提供了系统的框架，此框架包含了行动研究的具体操作步骤，旨在帮助读者理解如何开展行动研究。值得注意的是，这些具体操作步骤并非固定不变的，而是可以根据具体情况进行调整和优化的。本书在之后的章节中，将在此基础上，设定模拟研究情境并呈现案例，以帮助读者更好地理解和应用这些方法。

第五章

计划

第一节　识别和定义问题

在行动研究的起始阶段,研究者通过观察和初步收集数据,明确希望解决的问题,并对其进行清晰定义。这一步包括与相关利益方的讨论,以确保问题定义具有实践意义。

一、研究问题的关键特性

在形成合适的行动研究问题时,应当考虑以下关键特性。

1. 实际性

行动研究的问题通常源于实践中的实际需求和挑战。研究问题应当是研究者在教育实践中遇到的具体问题或困境,而不是抽象的理论问题。实际性意味着研究问题与研究者的工作环境和日常实践紧密相关,能够通过研究带来直接的改进或解决。

【示 例】

　　一位小学教师在日常教学中发现学生的课堂参与度较低,导致学习效果不佳。这一问题具有明显的实际性和紧迫性,因为它直接影响着学生的学习效果和课堂氛围。因此,教师可以将"如何提高学生的课堂参与度"作为研究主题,通过行动研究来探索和实施有效的教学策略。

2. 可操作性

行动研究的问题应当是可操作的，这意味着研究者能够通过具体的行动来对问题加以解决。可操作性要求研究问题具备明确的行动方向，研究者可以根据问题制定出切实可行的研究计划和行动步骤。

【示　例】⋯⋯⋯⋯⋯⋯⋯⋯⋯⋯⋯⋯⋯⋯⋯⋯⋯⋯⋯⋯⋯⋯⋯⋯⋯⋯⋯

如果研究问题是"如何通过改进班级管理方式来减少学生的纪律问题"，这就为研究者提供了一个清晰的操作方向：研究者可以尝试不同的班级管理策略，观察并记录其效果，并通过反思来调整策略。

3. 研究范围的适当性

行动研究的问题应当具有适当的范围，既不能过于广泛，也不应过于狭隘。研究问题应当具体、集中，使研究者能够在合理的时间范围内完成研究，并能够产生可评估的结果。

【示　例】⋯⋯⋯⋯⋯⋯⋯⋯⋯⋯⋯⋯⋯⋯⋯⋯⋯⋯⋯⋯⋯⋯⋯⋯⋯⋯⋯

"如何提升全校学生的整体学习表现"这个问题过于宽泛，而"如何通过小组合作学习提高五年级学生的数学成绩"则更加具体且适合行动研究的方法。

4. 问题应适合研究的循环性

行动研究的一个重要特征是其循环性，即研究者在行动中不断反思、调整和改进。研究问题应当适合这种循环性的过程，能够通过多次反思和调整来逐步改进实践。

【示 例】⋯⋯⋯⋯⋯⋯⋯⋯⋯⋯⋯⋯⋯⋯⋯⋯⋯⋯⋯⋯⋯⋯

　　如果研究者的研究问题是"如何通过课堂分组讨论提升学生的批判性思维能力",则可以通过多次的课堂分组讨论实践来检验和调整策略,从而不断提高学生的批判性思维能力。

二、如何确定研究问题

在行动研究中,确定研究问题通常要经历以下几个步骤。

1. 明确核心研究主题

在确定行动研究的问题时,研究者首先需要明确一个核心研究主题。这一步的关键在于选择一个具有实践意义的主题,并确保它与教育情境中的实际问题紧密相关。明确核心研究主题时,研究者应该聚焦于能够通过实际行动来解决或改进的问题。

【示 例】⋯⋯⋯⋯⋯⋯⋯⋯⋯⋯⋯⋯⋯⋯⋯⋯⋯⋯⋯⋯⋯⋯

　　一位教师在与同事的讨论中意识到,学生的作业提交率低是导致学业成绩不理想的主要原因,因此提出了"如何提高作业提交率"的问题。这一问题可以被确认为核心研究主题。

2. 确定研究目标

在明确了核心研究主题之后,研究者需要设定具体的研究目标。这些目标应与核心研究主题紧密相关,并且可操作、可评估。研究目标不仅应是量化的,还应涵盖质性方面的改进。例如,除了提高作业提交率,还可以设定目标为改善学生对作业的态度和作业质量,以及增强学生的学习动机。

【示　例】..

　　对于"如何提高作业提交率"这一主题,研究者可以设定一个综合目标,如"通过教师、家长和学生的协同合作,共同制定和实施一套激励机制,在一个学期内提高学生的作业提交率,同时改善学生对作业的态度及作业的整体质量"。这样不仅涵盖了多层次的改进目标,还考虑了不同人群的参与和合作需求。

3. 形成研究问题

　　研究目标确定后,下一步是形成具体的研究问题。行动研究中的研究问题应该是开放性的问题,能够通过实践中的反思和调整来回答。在这一过程中,研究者需要与教育实践者合作,共同挖掘出真正影响教学实践的问题。专职的研究者在此过程中充当辅助角色,帮助教育实践者从日常教学中提炼出适合的研究问题。这一过程包括:

　　(1)合作交流。通过与教师、管理者等教育实践者的对话,研究者能够为他们提供一个外来"批判者"的视角,帮助教育实践者在熟悉的情境中识别出可能被忽略的问题。

　　(2)焦点小组访谈。通过小组访谈的形式,研究者可以引导教育实践者深入挖掘潜在的问题,并共同讨论问题的适用性和可行性。

　　(3)动态调整。研究问题的形成并不是一成不变的。在研究的推进过程中,随着信息的更新和情境的变化,研究问题可能需要进行调整,以确保研究的相关性和时效性。

　　研究问题的形成是一个互动的、动态发展的过程,贯穿整个研究的始终。它不仅是为了解决特定的教育问题,更是为了通过合作和反思,推动教育实践的不断改进和发展。

【示 例】••

　　针对上述研究目标,研究者和教师在经过交流探讨后,可以设计出具体的研究问题,如:"哪些激励机制能够有效提高学生的作业提交率?""家校合作在提高作业提交率中的作用是什么?"

4. 检查问题的适用性

在设计好研究问题后,研究者需要再次审视这些问题,确保它们适合用行动研究的方法来解决。这一过程包括检查研究问题是否具有实际性、可操作性、适当的范围和循环性。同时,研究团队还应考虑这些问题是否能够通过实践中的行动和反思得以解决与改进。

【示 例】••

　　在设计研究问题"如何通过设计基于项目的学习活动来提升学生的批判性思维能力"后,研究团队对问题的适用性进行了深入审视。首先,他们考虑了该问题的实际性和研究意义,发现当前教学中批判性思维的培养常常被忽视,而基于项目的学习可以为学生提供更具挑战性的学习情境,激发深度思考。研究团队进一步检查了该研究问题的可操作性,确保项目设计能够在正常的教学时间内完成,且给教师带来的额外工作量是可控的。

　　随后,研究团队评估了该研究问题的范围和复杂性,确定其适合在一个学期内完成,并可以分阶段实施,在这一过程中逐步优化项目设计。最重要的是，他们分析了该研究问题是否适合行动研究的循环特性。考虑到项目的设计和实施是一个动态过程，可以通过反复的行动、观察和反思来不断调整与改进，由此研究团队确认这个研究问题非常适合行动研究。在之后的研究中，研究团队计划通过多轮的反馈和反思不断优化项目设计，以达到真正提升学生的批判性思维能力的目的。

三、有关定义研究问题的建议

1. 考虑研究中的不同人群

行动研究是一种"介入性"研究，它的成功依赖多方利益相关者的积极参与。合适的研究问题应反映各类参与者的实际需求和关注点，并能促进多方协作。一个典型的例子是："如何有效整合跨学科教学策略以提高学生的综合能力？"这个研究问题需要教师提供实践经验、学校管理者提供政策支持、高校研究者提供理论基础和方法指导，从而确保问题解决方案的多维性。此外，研究问题的设计应当考虑权力关系的平衡，特别是在涉及复杂的教育实践时，必须确保各方参与者平等地表达意见并共同推动研究进程。例如，对于"如何在教师评估体系中公平地体现教师的专业发展能力"的研究问题，需要在不同利益相关者之间合理分配权力，避免某一方的主导地位，从而保证公平和有效的研究过程。

2. 培养教师提出教育研究问题的意识

行动研究的另一个关键特点是将研究与教学实践紧密结合。斯滕豪斯强调研究成为教学的基础，即教师在日常教学中遇到问题时，通过行动研究来系统地解决这些问题。这一过程要求教师不仅是问题的发现者，也是问题的参与者。

在提出教育问题时,教师需要反思自己的教学实践,并讲述自己经历的教育事件。这些事件通常包括事件的起因、处理方式以及处理后的困惑。提出问题的教师应当从日常教育生活中捕捉具有教育意义的"小问题",并在解决这些"小问题"的过程中逐渐将它们提升为更具普遍性和深远意义的"大问题"。

【示 例】···

在课堂参与度研究中,某位教师可能观察到部分学生在讨论环节表现出明显的参与不足。通过反思,教师可以将这个"小问题"转化为一个研究问题:"在讨论环节中,哪些教学策略可以有效提高低参与度学生的积极性?"在这一过程中,校外研究者可以通过合作研究的方式,为教师提供批判性的视角,帮助教师更深入地分析问题并设计解决策略。

第二节 审视现有实践与计划行动

在确定研究问题后,研究者须深入审视现有的教育实践。这一过程将对已确定的研究问题进行反思和理解,旨在揭示当前实践中的不足,从而为后续行动方案的制定奠定基础。

一、系统观察与数据收集

研究者应对当前的教育实践进行系统观察,观察内容涵盖课堂教学、教学材料、学生反馈及教师反思等方面。多角度的数据收集有助于全面把握实践的运作情况,并为改进措施提供实证依据。

【示 例】……………………………………………………

    在批判性思维能力教学的研究中,研究者可以观察课堂上学生的参与度、分析他们的作业表现,并收集教师对教学效果的反馈。同时,研究者可以设计问卷调查学生对于课堂活动的感受,了解他们是否觉得这些活动有助于培养自己的批判性思维。

二、深入反思与分析现状

在收集数据后,研究者须对这些数据进行深入的反思与分析。此过程的目的是发现当前实践中与研究问题相关的主要挑战和"瓶颈",其发现不仅限于教学效果,还可涵盖教师、学生及管理者之间的互动和反馈。研究者应通过数据分析找出导致问题的潜在因素,进而明确具体的改进方向。

【示 例】……………………………………………………

    研究者可能发现,尽管教师设计了与批判性思维有关的活动,但由于学生对这些活动的兴趣并不高,预期的教学效果未能实现。此时,研究者须反思教学方法是否不够有趣,或者学生是否理解批判性思维的概念。

三、与研究问题紧密结合

在审视现有实践时,研究者须持续将这些发现与最初确定的研究问题相联系。通过对比当前的实践与理想状态,研究者能明确需要改进的领域,确保行动方案的针对性与有效性。同时,研究者应考虑多方利益相关者的意见,尤其是在教育改革背景下,多元视角的整合有助于全面理解实践中的复杂性。

【示 例】···

　　研究者确定之前活动不成功的核心原因是教学方法的吸引力不足,因此需要在后续的行动中引入更具吸引力的教学策略,如角色扮演、辩论赛等。同时,研究者还需考虑教师的教学风格和学校管理者对教学改革的支持程度,确保改革措施能够顺利实施。

通过这种多维度的审视与反思,研究者不仅能够深刻理解当前实践中存在的问题,还能为下一步的行动提供明确的方向与依据,从而使行动研究更加精准和有效。

四、计划行动

在行动研究的计划行动阶段,研究者需要对即将采取的行动进行详细设计,并制定切实可行的方案。这个阶段不仅包括明确行动的目标,还涉及对行动实施过程的全盘考虑,以及如何收集和分析相关数据。

首先,计划行动时应明确目标与步骤。目标应与之前确立的研究问题直接相关,并且要契合实际、具有可行性。行动步骤则应清晰、具体,并考虑到时间、资源以及参与者的角色和责任。

【示　例】..

如果研究的目标是通过改进教学方法来提升学生的批判性思维能力,行动可能包括以下步骤:(1)教师需要设计新的课堂活动,如辩论或问题导向学习,以引导学生进行深度思考。(2)安排定期的反思会,教师与学生共同讨论这些活动的效果,并根据反馈调整教学策略。(3)计划评估方法,如通过学生作品或表现评估批判性思维能力的提升程度。

其次,计划应注重灵活性。计划行动时既需要详尽,同时也应保持一定的弹性,以便在研究过程中根据实际情况进行调整。研究者应考虑到可能出现的变化或挑战,并预设应对策略。这种灵活性确保了研究能够适应实际情境中的复杂性和动态变化。

【示　例】..

在实施新的课堂活动时,教师可能会发现学生对某些活动反应不佳。这时,灵活的计划允许教师根据学生的反馈及时调整活动内容或形式,而不是严格按照原计划执行。这种调整不仅能提高研究的有效性,还能增强学生的参与感和学习效果。

再次,计划行动时要充分考虑资源的使用。资源包括时间、物资、技术支持等。研究者须明确各项资源的获取途径与使用方式,并在计划中合理安排。

【示 例】···

若计划引入数字化教学工具以辅助批判性思维能力的培养,教师需要确保这些工具在课堂中的可操作性,并合理安排时间用于学习和掌握新技术。此外,还应考虑如何在有限的时间内有效整合这些资源,确保计划顺利实施。

最后,计划行动时应当充分考虑数据收集的方式。数据收集是确保研究科学性和有效性的关键步骤,能够为后续的反思与评估提供必要的支持。研究者须明确哪些数据对于回答研究问题和评估行动效果是必要的,并选择合适的收集方法。

【示 例】···

可以通过课堂观察、学生反思日志和期末作品集等方式,收集有关学生批判性思维能力发展的数据。

在数据收集的过程中,确保数据的有效性与可靠性、合理安排数据收集的时间与频率,都是计划中需要重点考虑的内容。此外,研究者还应考虑数据收集的伦理问题,包括参与者的知情同意、数据保密等方面,确保在数据收集过程中参与者的权利不受侵犯,并对数据进行妥善管理。

第六章

行动与观察

第一节　行动

在行动研究中,实施行动是将理论和计划转化为实际操作的关键阶段。在这一章中,本书将探讨如何将行动研究的计划付诸实践,如何灵活应对实施过程中的变化,如何收集和利用参与者的反馈。

一、实施行动的策略:连贯性与灵活性

在实施行动的过程中,研究者需要按照预先设计的策略,逐步将计划中的各项措施应用到教育情境中。然而,实施行动不仅是机械地执行既定计划,更需要研究者对具体情境中的变化保持敏感,并根据实际情况进行灵活调整。有效的行动实施依赖研究者对教育环境的深入理解,以及对计划执行过程中可能出现的挑战的预见和应对能力。

在实施过程中,连贯性与灵活性是两个核心原则。连贯性确保研究者在行动中始终围绕既定目标,保持对研究主题的专注;而灵活性则允许研究者在面对不确定性时,能够及时调整策略,以保证研究的顺利进行。

【示　例】

在提升学生批判性思维能力的行动研究中,教师可能会设计一系列逐步深入的课堂讨论和写作任务,这些任务旨在引导学生逐步发展和运用批判性思维。

然而，教育实践往往充满不确定性和变化。即使是最详尽的计划，也难以预见所有可能出现的情况。因此，研究者在实施行动的过程中必须具备调整和优化计划的能力。这种能力不仅仅依赖对计划本身的熟悉程度，还取决于研究者对教学环境的洞察力和应变能力。

【示　例】……………………………………………………………………………

假设在某中学的行动研究项目中，目标是通过批判性思维能力的培养来提高学生的分析能力。教师最初设计了一系列以社会问题为主题的讨论课，其中包括社会公平、环境保护等话题。然而，在第一次课堂讨论中，教师发现部分学生对社会公平这一宏大主题的积极性不高，很多学生表示难以产生共鸣，在讨论过程中也显得无所适从。

面对这一情况，教师并未放弃原定主题，而是灵活调整了切入角度。教师决定从更贴近学生日常生活的事例入手，如校园生活中的公平问题和社交媒体的影响。这些问题不仅能引发学生的兴趣，还能自然地过渡到更广泛的社会公平话题。例如，在讨论社交媒体时，教师引导学生探讨信息的公平性和真实性，继而将话题扩展到社交媒体信息对社会公平的影响上。通过这样的方式，教师成功地将原本抽象的主题与学生的生活经验联系起来，使学生能够更积极地参与讨论。

随着讨论的深入，学生对社会公平这一主题逐渐产生了兴趣，他们开始从更广泛的角度思考并讨论社会中的不公平现象。教师通过进一步的引导，帮助学生理解社会公平的重要性，并运用批判性思维分析这些问题的根源和解决途径。

这一模拟案例展示了在实施行动的过程中如何在保持研究主题连贯性的同时,灵活调整教学策略,使学生更容易接受并参与到讨论中来。教师通过改变切入角度,成功地引导学生从熟悉的生活情境出发,逐步进入对社会公平的深度讨论中。这不仅实现了原定的教学目标,还增强了学生对批判性思维的理解和运用能力。

在实施行动时,研究者需要不断反思已执行的策略与实际效果之间的差距,并及时进行调整。成功的行动研究不仅需要周密的计划,更需要研究者在实践中灵活应变和深度反思的能力。通过这一过程,教育研究者和实践者能够逐步优化教学策略,实现预定的研究目标,并为后续的研究和教学提供宝贵的经验。

二、调整与改进:实时反思与应对

在实施行动过程中,调整与改进是确保研究有效性的重要环节。其核心在于研究者在行动过程中的实时观察和反思,并基于此作出必要的调整。由于教育情境的复杂性,计划的执行往往会遇到无法预见的挑战和变化。研究者需要根据这些变化灵活调整策略,以保证研究目标得以实现。

在这一过程中,反思是关键。反思不仅是研究者对行动效果的审视,也是对教学实践和学生反馈的深度分析。通过反思,研究者能够识别出行动实施过程中存在的不足,并据此进行调整。这种实时反思与调整不仅能够增强行动的有效性,还能使研究者不断优化他们的教学策略和研究方法。

【示　例】 ···

在批判性思维能力培养的案例中,假设教师在初步调整了教学内容后,继续观察学生的参与度和讨论质量。在新的课堂讨论中,虽然学生表现出更大的兴趣,但教师发现,部分学生依然在表达复杂想法时感到困难,讨论的深度仍然不足。

面对这一问题,教师决定进一步调整教学方法。在下一次讨论课上,教师引入了小组合作讨论的形式,让学生先在小组内交流观点,再在全班分享。这一调整旨在减轻学生的表达压力,使他们能够在小组内更自由地探讨复杂问题,并从他人的观点中获得启发。同时,教师还提供了更明确的讨论框架和问题引导,帮助学生逐步深化对主题的理解。

通过这些调整,教师观察到学生的讨论质量显著改善。小组合作的形式不仅激发了学生的讨论热情,也使他们能够更好地组织和表达复杂的想法。学生在小组内的互动加深了彼此之间的理解,讨论的深度也逐渐提升,最终实现了预期的研究目标。

这一模拟案例展示了在行动研究中调整与改进如何通过实时反思来提升研究效果。教师通过持续的观察和反思,识别出学生在讨论中遇到的困难,并通过适时调整教学策略,成功克服了这些困难。这个过程不仅改善了学生的学习体验,还使教师在研究中获得了更深刻的教学实践经验。

在行动研究的调整与改进阶段,研究者不仅要关注计划与实际执行之间的差距,还须灵活应对情境中的不确定因素。通过不断地反思和调整,研究者能够在动态的教育情境中逐步优化教学策略,从而获得更好的研究结果。调整与反思需要研究者的应变能力和对教育实践的深刻理解。

三、收集和利用参与者反馈:深化行动成效

在行动研究中,收集并有效利用参与者的反馈是改善研究质量的重要手段。参与者的反馈,特别是学生、教师同事、家长和教育管理者的意见与建议,能够为研究者提供宝贵的第一手资料。这些反馈可帮助研究者全面了解行动的实际效果,并发现潜在的问题和改进方向。

研究者应当通过多种方式,系统地收集参与者的反馈信息。例如,可以使用问卷调查、访谈、课堂观察记录等方法来了解学生的学习体验和反应;通过与教师同事的讨论和交流,了解他们对教学策略和方法的看法;同时,也可以通过家长会、家长反馈表等形式,了解家长对学生学习变化的看法和期望。此外,与教育管理者的定期汇报和沟通,可以提供一个从更宏观角度审视行动效果的平台,确保研究目标与学校整体发展策略一致。

【示　例】...

在批判性思维能力培养的案例中,实施调整后的讨论课后,教师决定系统地收集多方反馈,以进一步改进教学策略。首先,教师设计了一份简短的问卷,分发给学生,询问他们对小组讨论形式的感受、讨论框架和问题引导的效果,以及他们是否感到自己的批判性思维能力有所提升。结果显示,大部分学生认为新的讨论形式减轻了他们的表达压力,但部分学生觉得需要更清晰的指导和示范,以便更好地参与讨论。

接着,教师与其他学科的同事进行了一次专题讨论会,分享了自己的研究进展和发现。几位同事建议可以将批判性思维能力的培养融入其他学科的教学中。比如,在历史课上讨

论历史事件的多重解释，或在科学课上评估实验结果的可靠性。这种跨学科的协同反馈启发教师可以在下一阶段扩大批判性思维能力培养的范围，让学生在不同的学习领域运用这种能力。

同时，教师还向家长收集了反馈。在家长会上，教师介绍了本次研究的目标和教学调整，家长普遍表示支持。一些家长提到，孩子在家中表现出更多的批判性思维倾向，愿意挑战和质疑传统观念，这被认为是一个积极的变化。但也有家长反映，孩子在家庭讨论时有时会表现出过于咄咄逼人的态度，希望学校能进一步引导学生在进行批判性思维表达的同时保持对他人的尊重。

通过对多方反馈的收集和分析，教师不仅深入了解了行动的成效和不足，还发现了新的研究方向。例如，教师意识到需要更具体的指导来帮助学生在批判性思维表达中保持礼貌，也认识到在不同学科中培养批判性思维能力的潜力。于是，教师决定在接下来的教学中增加有关如何礼貌表达批判性意见的训练，并联系其他学科教师，共同设计跨学科的批判性思维能力培养活动。

这一模拟案例展示了收集并利用参与者反馈是一个动态的过程，它能够为研究者提供多维度的信息来源，帮助其识别问题、发现改进空间，并优化行动策略。通过广泛征求和分析反馈，研究者能够更精准地调整研究方向和策略，使行动研究更具针对性和有效性。不同于单一的观察和反思，这一过程强调研究者对参与者经验和观点的重视，体现了行动研究的民主性和合作性。

第二节 观察

在行动研究中，观察不仅是数据收集的手段，更是研究者了解行动效果、优化干预策略的重要步骤。通过观察，研究者能够获取真实的课堂表现或学校情境中的信息，了解参与者的反应与行为，从而评估研究行动的实际影响并及时调整研究方案。

一、观察的目的与重要性

在行动研究中，观察作为一个关键环节，与实施行动密切相关。研究者通过观察，可以实时获取行动实施过程中的动态反馈。这种观察不仅帮助研究者直观了解行动的效果，还揭示了教育实践中的细微变化和复杂情况，为后续的调整和改进提供了重要依据。观察的独特性在于它能够捕捉到课堂和教育环境中的实际行为与事件，同时也关注潜在的情绪、态度和互动模式，从而为反思和决策提供更全面的视角。这种观察并非单纯地将观察作为一种研究方法，而是将其嵌入行动循环中的反馈机制中，通过不断观察、反思和调整，逐步优化教育实践。

首先，观察能够为行动研究提供真实、具体的情境信息。在教育情境中，理论和实际操作之间常常存在差距，研究者往往很难预见实际教学中的各种复杂因素。观察提供了一种直接了解教育实践的方法，使研究者能够看到计划行动在具体情境中是如何展开的。

【示 例】 ···

在批判性思维能力培养的案例中，教师可能设计了一系列小组讨论和辩论活动，旨在激发学生的思辨能力和积极参与。尽管课程设计看似合理，但在实际实施中，教师通过观察发现，部分学生在讨论中保持沉默，参与度不高。通过近距离的观察，教师发现了导致这一情况的深层原因：一些学生可能缺乏自信心，不愿意表达观点，或者存在表达障碍。

这种观察不仅揭示了课程设计与学生实际反应之间的差距，也为教师提供了深入分析问题的基础。

其次，观察作为一种实时的评估手段，使研究者能够动态调整教学策略，以更好地适应学生的需求。行动研究强调反思性和灵活性，而观察恰恰提供了及时的反馈渠道。教师可以根据观察到的现象，采取适应性措施，优化教学过程。

【示 例】 ···

在批判性思维能力培养的案例中，教师通过观察发现学生的参与度较低后，可以决定增加分组讨论的频率，或者改变讨论的方式，比如采用角色扮演或头脑风暴来激发学生的兴趣和参与热情。这样的调整可以在短期内显著提高学生的参与度，并为下一轮的教学设计提供有价值的参考。

此外，如果将观察作为一种研究方法，还可以帮助研究者捕捉到课堂中不易被察觉的细微变化和情感动态。教育情境是复杂多样的，学生的情绪、态度和行为方式常常会影响教育过程与结果。通过细致的观察,教师可以感受到课堂中的情感氛围,如学生是否对教学内容感到困惑或不耐烦,是否对某些教学策略表现出明显的兴趣或反感。这些情感动态不易通过问卷或测试得出,却对教育效果有着直接的影响,因而观察在此时非常重要。

【示 例】

教师观察到某些学生在辩论时显得焦虑和不安,这可能提示教师需要提供更多的支持性措施,如鼓励他们发表观点或提供更清晰的引导。

通过识别这些情感因素,教师可以调整教学方法,使课堂氛围更加包容和具有支持性,促进学生获得更积极的学习体验。

再者,观察不仅限于教师的视角,还可以通过多角度的观察获取更全面的数据。在一个协作的行动研究中,观察往往由不同的利益相关者共同开展,包括教师、研究者、家长,甚至学生自己。这种多角度的观察方法能够揭示不同群体的独特需求和关注点。

【示 例】

教师可能关注学生在课堂上的互动表现,而家长则可能更关心学生对课程内容的理解程度。

通过这种多角度的观察,研究者可以更全面地理解行动效果,从而制定出更具针对性的改进方案。

值得一提的是,观察在行动研究中的作用还在于它能够促进教师的反思性实践。行动研究强调反思与行动的结合,而观察为教师提供了一个直接反思其教学实践的机会。通过观察自己和学生的行为,教师能够看到自身教学方法的优缺点,并对其教学策略进行深刻反思。

【示　例】────────────────────────────

　　教师可能发现自己在引导学生讨论时,往往会不自觉地偏向某种观点,从而限制了学生的自由表达。通过观察,教师可以意识到这一问题,进而调整自己的教学行为,避免在课堂中对学生施加无意的影响。

观察促使教师不断反思和改进,使他们的教学更加开放和多元化。

最后,观察还有一个十分重要的作用,在于它能够揭示隐性问题,这些问题往往在日常教学中不易被发现。

【示　例】────────────────────────────

　　在课堂上,教师观察到尽管学生在课堂讨论中积极发言,但在课后写作业时却未能体现出同样的批判性思维水平。由此,教师深入分析原因,发现学生可能缺乏将口头讨论转换为书面表达的能力,或者对写作要求缺乏清晰的理解。针对这些问题,教师可以设计更有针对性的教学活动,例如强化写作训练或提供更多的写作指导,从而提升学生的综合思维和表达能力。

综上所述,观察在行动研究中的角色是多层次和多维度的。它不仅为研究者提供了评估行动效果的实时数据,还为不断调整和优化教学策略提供了有力支持。同时,观察也促进了教师的反思性实践,揭示了教育过程中的隐性问题,从而帮助教师更深入地理解和改进教育实践。在批判性思维能力培养的模拟案例中,观察作为一种动态反馈机制,使教师能够及时调整策略,提升学生的参与度,并改善学习效果,最终实现行动研究的目标。通过这种方式,观察不仅丰富了研究数据,也为教育实践者提供了一个不断成长和学习的平台。

二、数据收集方法

在行动研究的过程中,数据收集不仅在观察阶段起到关键作用,还为后续的反思阶段和研究报告撰写提供重要支持。通过在观察阶段收集多样化数据,研究者能够全面了解教育实践的具体情况和变化,这些数据为后续的分析奠定了基础。在反思阶段,数据帮助研究者判断实施行动的有效性,识别成功之处和改进空间。同时,在最终的研究报告撰写阶段,这些数据能为研究结论提供证据支持,增强报告的可信度和说服力。因此,选择合适的数据收集方法,并在整个研究过程中持续进行数据收集,是确保行动研究取得有意义成果的必要步骤。

本书在此处将为读者介绍几种在行动研究中常用的数据收集方法,这些方法可以帮助研究者深入了解行动的效果和过程,提供有力的证据支持。但需要注意的是,行动研究的数据收集方式并不限于此,此处所提供的内容仅供参考,本书鼓励读者根据自己的需要和研究背景创新地组合使用不同的数据收集方法。

1. 课堂观察与实地记录

课堂观察是行动研究中最常用的数据收集方法之一。在这一过程中,研究者通过直接观察教育情境中的实际情况来收集数据。课堂观察可以采用结构化或非结构化的方式。结构化观察使用预先设计的观察表来记录特定行为或事件的发生频率,适合研究者希望验证某一假设时使用。

【示 例】···

　　教师可以观察学生在讨论中参与的频率和深度，以评估批判性思维教学的有效性。

非结构化观察允许研究者在更自然的情境中记录所见，适用于初步探索问题或了解复杂情境。

【示 例】···

　　在有关批判性思维能力培养的案例中，教师可能会观察学生如何回应开放式问题或在讨论中如何开展互动，以此判断他们的思维过程和能力发展。

2. 访谈与焦点小组讨论

　　访谈和焦点小组讨论是另一种常用的数据收集方法，能够提供深入的见解和多元的观点。在行动研究中，研究者可以通过与学生、教师、家长或其他教育参与者进行访谈，了解他们对行动的反馈和建议。焦点小组讨论更适用于了解群体动态和收集群体意见。

【示 例】···

　　在有关批判性思维能力培养的案例中，教师可以在课后对学生进行个别访谈，以了解他们对课堂活动的看法和感受，从而判断教学方法的有效性。焦点小组讨论还可以让教师了解学生如何看待批判性问题，并调整课堂设计以更好地激发学生的思考。

3. 问卷调查和自我报告

问卷调查是一种快速有效的方法，可以在大规模人群中收集标准化数据。在行动研究中，研究者可以设计问卷以评估教育干预措施的效果，或了解参与者的态度和感受。自我报告则是另一种数据收集方法，教师可以要求学生对他们的学习过程、困难和成就进行反思与记录。

【示 例】

在批判性思维教学中，教师可以设计问卷来调查学生对课堂讨论的满意度和自我所感知到的能力变化，也可以让学生写反思日志，记录他们在课堂讨论中的思维过程和感受，从而为下一步的教学调整提供依据。

4. 文档分析

文档分析包括对现有的书面材料进行系统分析，如学生作业、教师教案、课程计划、会议记录等。在行动研究中，文档分析有助于理解教育情境的背景、识别存在的问题和评估实施行动的效果。

【示 例】

研究者可以分析学生的课堂笔记和作业，了解他们目前的批判性思维能力及变化趋势，从而评估教学策略的有效性。

5. 量化研究方法

在行动研究中，量化研究方法也是常用的一种数据分析方法。量化研究方法通过数字和统计工具对数据进行分析,有助于研究者客观、精确地理解行动的效果和相关因素。这种方法在行动研究中适用于测量某种干预措施的效果、比较不同策略的影响或评估特定变量之间的关系。

【示　例】……………………………………………………………………

　　在一个提高学生课程参与度的行动研究中,教师可以通过统计对比学生的出勤率、课堂参与度和作业完成情况等定量指标在每轮行动研究中的差异来了解行动的效果。

虽然量化研究方法强调数据的客观性和普遍性,但在行动研究中,它通常与质性研究方法结合使用,以更全面地捕捉研究现象的复杂性和多维度特征。因此,在设计行动研究时,量化研究方法可以作为一个重要的补充工具,与观察、访谈等质性研究方法相辅相成,提供更加全面和深入的洞察。

6. 数据收集方法的三角互证

在行动研究中,数据收集方法的三角互证(triangulation)是确保研究结果可靠性和有效性的重要策略。三角互证指的是通过多种数据收集方法相互验证和补充,以获取对研究问题更为全面和准确的理解。三角互证的核心在于,通过多样化的视角和方法,减少单一数据来源的局限性和偏见,从而提高研究结论的可信度和科学性。在行动研究的观察阶段以及后续的反思和报告撰写阶段,三角互证常常涉及多种数据收集方法的结合,如观察、访谈、反思日志、问卷调查等,这些方法各自具有不同的优势和应用场景。以下是几种常用的数据收集方法结合方式。

（1）观察与访谈的结合。

观察为研究者提供了行为和实践的直接证据，而访谈则能够深入了解参与者的内在想法、感受和动机。

【示 例】..

在学生批判性思维能力培养的案例中，教师可以通过课堂观察记录学生的发言次数和讨论的深度，同时，通过访谈了解学生对批判性思维活动的态度和感受。这样可以更全面地评估教育干预的效果。

（2）反思日志与问卷调查的结合。

反思日志能够记录研究者和参与者的日常反思与实践改进过程，提供对行动实施过程的详细描述和感知，而问卷调查可以收集有关参与者的态度和行为的量化数据。结合使用反思日志和问卷调查，研究者一方面可以理解参与者的主观体验和情绪变化，另一方面可以获取客观的量化数据。

【示 例】..

在研究中，教师可以通过反思日志记录自己在实施新教学策略过程中的感受和遇到的问题；同时，通过问卷调查了解学生对新策略的接受程度和学习效果，从而更准确地判断教学干预的成效。

（3）量化研究方法与质性研究方法的互补。

量化数据，如测试成绩和出勤率，可以为行动研究提供清晰的统计证据,而质性数据(如观察和访谈结果)可以解释这些数据背后的原因和背景。

【示　例】..

　　在提升学生课堂参与度的行动研究中,可以利用学生参与度调查问卷收集量化数据,通过观察课堂互动情况来捕捉实际行为细节,并实施小组访谈来了解学生参与的主观体验和动机,从而使量化结果有更深层次的解释和支撑。

(4)总结。

以上多种方法的整合能够减少单一方法所带来的偏误。例如,观察可能受到研究者主观判断的影响,而通过访谈和问卷调查获取的数据可以对观察结果进行验证。通过三角互证,研究者能够综合多种数据来源的结果,形成更为全面和可靠的研究结论。在行动研究中,三角互证不仅提升了数据的多样性和可信度,还能帮助研究者更好地理解教育现象的复杂性。通过不同方法的相互验证和支持,研究者可以揭示出更为细致和全面的教育实践效果,从而为教育决策和干预提供更坚实的依据。

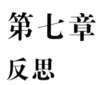

第七章

反思

第一节　反思的意义与方法

一、反思的意义

在行动研究中，反思不仅是一个阶段，更是一种持续的实践态度。它贯穿整个研究过程，是行动研究的核心之一。反思帮助研究者和教育实践者不断审视自己的行动、结果及其影响，以便在下一轮行动中作出更加明智的决策。反思的角色和意义主要体现在以下几个方面。

首先，反思促使研究者理解行动的效果和过程。通过反思，研究者能够从多角度审视行动结果是否达到预期目标，行动过程是否存在改进空间。

【示　例】..

在学生批判性思维能力培养的案例中，教师可能会发现，尽管某些教学策略提升了部分学生的参与度，但另一部分学生的参与度却有所下降。通过反思，教师可以深入分析导致这一现象的原因，比如学生的学习风格或课外环境的影响，从而为下一轮行动调整策略。

其次，反思有助于形成理论性的理解和知识建构。正如凯米斯和埃利奥特所提到的，行动研究中的反思不仅仅是对具体行动的反应，更是一种基于解释学的反思性实践。在这个过程中，教师和研究者通过对行动的持续反思,形成对教育现象更深层次的理解。

【示 例】..

　　当教师反思为什么某种课堂管理策略在不同班级中的效果不一致时,他们可能会意识到管理策略背后存在隐含的权力关系或文化背景差异。

这种反思性实践使得研究者从个别经验中总结出理论见解,并能将其推广应用于更广泛的教育情境中。

第三,反思强化了合作与共同成长的过程。在行动研究中,反思通常不是一个人的行为,而是一个集体合作的过程。在与其他教师、学生或家长的对话中,研究者能够获得不同视角的反馈,进一步丰富和调整自己的理解。

【示 例】..

　　在一个旨在改进课堂互动的行动研究中,教师定期与学生和家长开展反思会,讨论教学策略的有效性以及需要改进的地方。

通过这些互动,教师不仅能够了解不同参与者的需求和期望,还能促使他们共同参与教育过程的改进,从而形成一种共同成长的氛围。

最后,反思能够推动教育实践的不断改进和创新。在行动研究中,反思不仅帮助研究者回顾过去的行动,而且激励他们寻找新的策略来应对所发现的问题。

【示 例】···

　　在一个课堂环境改进的研究项目中,教师可能会通过反思了解到,传统的教室布置限制了学生之间的互动和合作。于是,他们可能会决定尝试一种更加开放和灵活的教室布局,以促进学生之间更自由地交流和合作。这种不断反思和调整的过程使得教育实践能够始终在创新和优化。

　　综上所述,反思在行动研究中扮演着关键角色,通过理解和评估行动的效果、形成理论理解、强化合作以及推动创新,反思为行动研究的成功实施提供了强大的驱动力。它不仅帮助研究者和教育实践者持续改进他们的工作,还为整个教育体系带来了更加深刻和有意义的变革。

二、反思的方法

1. 数据驱动的反思:观察与解读

　　数据驱动的反思强调通过系统性的数据收集和分析来理解教育实践的现状及其效果。该过程基于多样化的数据来源,研究者运用观察、访谈、问卷调查、测验成绩、课堂作业等多种数据类型,综合分析这些数据背后的趋势、模式和问题,从而形成对教育行动的深刻反思。数据驱动的反思不仅有助于客观评估实践的结果,还能为下一步的行动决策提供重要依据。

　　在行动研究中,数据驱动的反思可以通过两个步骤来实现:数据的收集与分析,以及基于数据的反思与行动。

　　(1)数据的收集与分析。

　　数据收集的第一步是明确研究问题和研究目标,选择合适的收集方法。研究者需根据研究目的选择适当的数据来源和方法,以全面了解行动效果。

【示　例】⋯⋯⋯⋯⋯⋯⋯⋯⋯⋯⋯⋯⋯⋯⋯⋯⋯⋯⋯⋯⋯⋯⋯⋯
　　在学生批判性思维能力培养的案例中,数据可以包括课堂观察记录、学生的书面作业、出勤率、课堂录像、学生访谈记录以及测验成绩等。这些数据可以是量化的(如测试成绩、出勤率)或质性的(如课堂观察记录、学生访谈记录)。

数据分析是数据驱动的反思的核心步骤,研究者需要运用适当的分析方法将数据转化为有意义的信息。

【示　例】⋯⋯⋯⋯⋯⋯⋯⋯⋯⋯⋯⋯⋯⋯⋯⋯⋯⋯⋯⋯⋯⋯⋯⋯
　　教师可以通过分析学生的测验成绩来判断他们对批判性思维技能的掌握情况,或通过分析课堂讨论的录音转录内容,分析学生参与讨论的频率、深度和互动模式。

在进行量化数据分析时,可以使用统计软件进行数据处理,如计算均值、标准差等;质性数据分析则通常通过编码、归类、建立主题等方式进行。

(2) 基于数据的反思与行动。

在收集和分析数据之后,研究者需要将数据转化为反思与行动的依据。数据驱动的反思意味着研究者须对数据进行深刻解读,分析当前实践中哪些方面有效、哪些方面需要改进。这一过程不仅是为了验证行动的效果,更是为了发现隐藏在数据背后的深层次问题和趋势,以便为未来的行动提供方向。

【示　例】···

在提升学生参与度的研究中,教师通过分析课堂录像可能会发现,尽管大多数学生在教师提问时表现积极,但在小组讨论中部分学生仍然处于被动状态。由此教师可以反思当前的小组分配方式是否存在问题,或者小组讨论的问题设置是否足够开放和具有挑战性。接着,教师可以选择调整小组成员的构成,或者重新设计讨论问题,以期在下一轮行动中提高学生的全面参与度。

【示　例】···

在降低学生缺勤率的研究中,教师通过分析缺勤数据,可能会发现缺勤主要集中在某些特定课程或时间段。进一步的调查也许会显示,这些时间段正好与学生的其他活动冲突。基于对这些数据的反思,教师可以调整课程表,并引入更多灵活的学习形式,如在线学习,以减少缺勤现象。

【示　例】···

在学生批判性思维能力培养的案例中,某高中教师希望通过调整课堂提问的方式,鼓励学生进行更深层次的思考。首先,教师设计了一套开放性问题,并在每节课后记录学生的回应情况。数据包括课堂录像、学生的口头反馈和书面作业。通过对录像和作业进行编码分析,教师发现,学生的回答大多停留在对表层信息的重复上,而缺乏深入分析和批判性思考。

为此,教师进一步分析了每次提问的类型和学生的反应模式。他发现，当问题具有多重可能答案或涉及情境模拟时，学生的参与度和思考深度显著增加。因此，基于对这些数据的分析与反思，教师决定调整其课堂提问策略，更频繁地使用多重答案问题和情境模拟讨论。这一改变在后续课堂中得到了验证，学生的批判性思维能力有了明显提升，课堂讨论也变得更有深度和热情。

2. 批判性反思与叙事方法：质疑现状与探索改进

在行动研究中，批判性反思起着关键作用，它不仅强调对现状的质疑，还通过叙事方法帮助研究者更深刻地理解教育实践中的复杂性和多样性，从而探索潜在的改进途径。批判性反思的核心在于如何在教育情境中挑战和改变现有的思维方式、教学策略以及制度结构，旨在通过反思性实践推动个人和集体的成长与变革。批判性反思主要通过两种途径来实现：质疑现状和探索改进路径。

（1）质疑现状：揭示隐藏的假设、偏见与权力关系。

批判性反思首先在于质疑现有的教学实践和教育结构，揭示隐藏在日常教学背后的假设、偏见和权力关系。正如埃利奥特等学者所强调的，教育研究不仅是简单的行为改进，还应包括对现有实践的批判性审视，这种审视帮助教师识别那些常被忽视的社会、文化和制度性因素。这种批判性的视角常常基于哈贝马斯的批判理论，强调揭露和挑战维持现状的不平等与压迫性结构。

在实际操作中，批判性反思要求教师在反思过程中运用解释学的视角，将教育实践视为一个动态的文本，通过解读实践活动中的符号、语言和行为来质疑其背后的意义与假设。

【示 例】···

　　某教师在反思其课堂管理策略时,发现自己倾向于对"调皮"的学生使用惩罚性措施,而这种方法实际上反映了一种控制和压制的教育理念。通过批判性反思,教师意识到这种策略忽视了学生行为背后的复杂因素,如家庭背景、心理状况等,并开始探索更具包容性和理解性的管理方式。

　　批判性反思不仅在当下实践中进行,还涉及与教育历史对话。行动研究能否获得合法性地位,取决于其对历史对话或理论阅读的重视程度。虽然教师的内隐理论帮助他们理解教学情境和解决教育问题,但这种内隐理论往往只是"前见",可能会演变为"狭隘的、落后的'定见'和'成见'"。[①] 教师若想突破这种局限,则须返回历史,与历史文本和作者对话,为个人的内隐理论赋予更深刻的意义。

　　在对待历史和权威的态度上,教师应采取一种非历史和超历史的态度,即在历史面前保留足够的创造空间。同时,通过解读历史文本和与历史对话,澄清自身行动的意义,获得自我意识和自我理解。这一过程能够帮助教师更好地理解和挑战实践背景中的隐性假设与权力关系。

　　(2)探索改进路径:通过叙事方法深化理解与行动。

　　在批判性反思的基础上,研究者进一步运用叙事方法来探索可能的改进路径。叙事方法强调通过讲述个人和集体的教育故事来理解教育实践者与学习者的经验、困境、感受。叙事方法帮助研究者将个体经历与更广泛的社会、文化和政治情境联系起来,为反思提供更丰富的背景信息。

---

① 刘良华.校本行动研究[M].成都:四川教育出版社,2002:256.

【示　例】···

在提高学生批判性思维能力的案例中,教师可以使用叙事方法记录自己和学生的互动经历,通过故事的方式呈现学生在不同学习活动中的反应和表现。这种叙事方法的记录不仅能够揭示教师教学中可能存在的偏见或限制,也可以为探讨和改善教学策略提供具体的情境依据。

在实际操作中,这种叙事方法的运用还使教育实践者更好地理解教育过程中的复杂性和情感因素。在反思过程中,教师不仅关注行动的结果,更关注行动的过程和情境。

【示　例】···

教师通过叙事方法记录了学生在小组活动中的角色分配和参与情况,发现某些学生在小组讨论中处于被动状态,可能是因为他们对小组中"领导者"角色存在畏惧或不满。通过对这些记录的反思,教师可以重新设计小组活动,鼓励更加均衡的参与和合作。

【示　例】···

假设在一个提高课堂讨论质量的研究中,某教师决定通过引入叙事方法来理解学生的课堂参与情况。他记录了多个课堂讨论的详细情况,包括提问的方式、学生的反应和讨论的整体氛围。通过这些记录,他发现虽然学生表面上参与讨论,但许多学生只是机械地复述书本知识,缺乏批判性思维和深度分析。

教师进一步反思自己提出问题的方式和教学策略,意识到自己习惯使用封闭式问题,这种问题类型限制了学生的自由表达和思维拓展。在这一过程中,教师采用了叙事方法进行反思,将学生的反应和自己对课堂的观察相结合,意识到需要提出更多开放性问题,以鼓励学生深入思考。

基于这种批判性反思,教师开始重新设计课堂讨论问题,加入更具挑战性的问题,并关注如何营造一个安全、开放的讨论环境,使所有学生的声音都被听见和重视。经过几轮反思和改进,教师发现学生的讨论表现明显更加积极和深入。

3. 总结

数据驱动的反思可以通过系统的观察和数据分析帮助研究者更全面地了解教育行动的实际效果和潜在问题,为后续行动的优化提供科学依据。通过数据驱动的反思,研究者能够持续调整和改进教育实践,确保行动研究过程的连续性和有效性。

通过批判性反思与叙事方法,行动研究不仅限于对行动本身的评价,还追求通过质疑和反思现状,探索可能的改进路径。这一过程帮助教育实践者不断识别和挑战隐藏在日常实践背后的假设与权力关系,同时也通过叙事方法为这种反思提供了具体且有意义的依据。研究者在实践中应用这些方法,可以更全面地理解教育实践的复杂性,为未来的行动提供更加丰富的依据和明确的方向。

三、反思中的挑战和应对策略

在行动研究的反思阶段,研究者通常会面临一系列挑战,这些挑战可能源自个体思维方式、外部环境以及团队协作的复杂性。有效的反思不仅包括识别问题,还涉及如何应对和克服这些挑战,以确保反思过程真正推动实践改进。以下是反思中常见的挑战及应对策略。

1. 挑战一:固有偏见和惯性思维

教师和研究者在反思过程中常常面临固有偏见和惯性思维的阻碍。这些偏见可能来自他们多年来形成的教学理念和做法,使得他们难以客观地审视自己的实践。

【示 例】 ....

教师在反思其课堂管理策略时,可能会下意识地坚持认为自己的方法是最有效的,即使学生反馈显示这些策略对他们并不奏效。

应对策略:多元视角的融合。

应对这一挑战的一个有效策略是引入多元视角,邀请其他教师或外部研究者参与反思过程,提供不同的反馈和建议。这种合作不仅可以打破惯性思维,还能引导教师从多角度进行思考和改进。

【示 例】 ....

教师在反思中发现其课堂纪律管理策略存在问题后,可以邀请其他教师参与讨论,听取他们对学生管理策略的不同见解。在这些讨论中,教师也许能够逐渐认识到自己长期使用的策略存在局限性,并决定尝试一种更为包容的课堂管理方法。

2. 挑战二:反思深度的局限

另一常见挑战是反思的深度不足,即反思流于表面,未能深入探讨教育实践背后的复杂原因。

【示　例】

　　教师在反思学生学习成绩不佳的应对策略时,可能只停留在对教材内容或教学方法的表面调整,而忽视了影响学生学习的心理、社会或文化因素。

应对策略:批判性提问和深度分析。

为了应对这一挑战,研究者可以采用批判性提问的方法,引发更深入的反思。

【示　例】

　　教师可以在反思过程中问自己:"学生学习成绩不佳是否仅仅是教学方法的问题? 是否还有其他隐藏的因素,比如学生的家庭背景、课堂氛围、学校政策等?"

通过这些深层次的提问,教师可以更全面地分析问题,并发现更具针对性的改进措施。

3. 挑战三:团队协作中的沟通障碍

在反思过程中,团队协作也常常遇到挑战,特别是在不同团队成员之间的沟通上。团队成员可能由于不同的专业背景、经验和价值观,在反思过程中意见存在分歧或沟通不畅。

【示　例】

　　在行动研究中,教师和管理者之间可能因为对研究目标理解不一致而产生分歧,进而影响研究的推进。

应对策略:建立开放对话机制和明确成员的角色。

在应对团队协作中的沟通障碍时,可以通过建立开放对话机制和明确各成员的角色来解决。在团队反思会议中,鼓励团队成员表达不同意见,并创建一个安全的沟通环境,使所有团队成员都能自由地分享他们的看法。同时,通过明确每个团队成员在反思过程中的具体角色和责任来减少误解和冲突。

【示 例】..

在提高学生出勤率的行动研究中,如果学校管理者、教师和家长角色分配明确,分别有不同的任务,各自关注具体的改进点,那么团队合作将更加顺畅,反思效果也更为显著。

【示 例】..

假设在提高学生自主学习能力的行动研究中,教师发现,尽管他们多次调整了教学方法,比如增加课堂讨论和小组合作,但学生的自主学习能力依然没有明显提高。在反思过程中,教师逐渐意识到,他们的反思深度不够,问题并不单纯在于教学方法。为此,教师决定采用多元视角,邀请教育心理学家参与,帮助分析学生的心理动机和行为模式,同时还邀请家长和学生代表进行反馈交流。

通过这些措施,教师发现,影响学生自主学习的因素不仅在于教学方法,还涉及更深层的动机问题。例如,有些学生认为课堂内容缺乏个人意义,他们对学习目标缺乏认同感;而另一些学生反映,家长的过度干预让他们感到学习是一种强制任务而非个人追求。

基于这些更全面的反思,教师决定不仅在教学方法上作出调整,还采取了更多的策略来应对这些挑战。例如,他们在课堂设计中融入了更多与学生兴趣相关的主题,同时减少对学生成绩的单一评价,并与家长合作,帮助家长理解如何在家里帮助学生萌发自主学习的动机。经过几轮改进,教师发现学生在课堂上的参与度和自主学习能力有了显著提升。

4. 总结

在行动研究的反思阶段,挑战和障碍是不可避免的,但通过多元视角、批判性提问和开放的团队协作,这些挑战可以被转化为促进改进的契机。通过不断克服反思中的困难,教育实践者能够更深入地理解和优化其教学实践,为未来的行动提供更有力的指导和支持。

第二节　将反思转化为行动

一、基于反思的行动调整策略

在行动研究的反思阶段,研究者需要将反思的结果转化为具体的行动调整策略。这一步骤旨在根据反思中发现的问题、机会和改进空间,设计和实施新的行动计划,以持续优化教育实践。这种调整策略将基于反思而生发的具体内容,灵活地应用到实践中,并确保其有效性和可行性。

1. 识别改进点

通过反思过程，教师和研究者识别出当前实践中的不足之处或需要改进的方面。改进点应具体明确，如通过课堂管理，发现某种教学方法不能有效激发学生的兴趣，或某种评估手段未能准确反映学生的学习水平。

【示　例】

　　在一项研究中，教师通过反思发现，课堂讨论环节总是由少数学生主导，很多学生，尤其是性格内向者，参与度较低。教师意识到这种情况限制了学生的全面发展，需要在讨论方式上作出调整。

2. 设计调整措施

根据识别出的改进点，制定相应的调整措施。这些措施应具有明确的目标和操作步骤，以确保可以在实际教学中实施。调整措施须具备灵活性，允许教师根据具体的教学情境和学生反馈进行适当的修改与优化。

【示　例】

　　针对课堂讨论中的参与度问题，教师决定尝试引入一种新的讨论策略，采用分组讨论或轮流发言的规则，以确保所有学生都有发言机会。该教师还设计了不同层次的问题，引导各层次学生参与，确保每位学生都能从有挑战性的问题中获得参与感。

3. 制定实施计划

调整措施需要转化为具体的实施计划,包括实施的时间、方式、人员分工和资源配置等。实施计划应详细考虑每一个环节,确保新措施能够顺利融入日常教学活动中。同时,计划中应设定明确的时间表和阶段性目标,以便及时评估调整效果。

【示　例】··

　　教师决定在未来四周内,每周选择一个不同的讨论形式进行实验(如鱼缸式讨论、双人对话、辩论等),并在每次实验后进行简短的反思与调整。该教师还计划在每周的教研活动中与其他教师分享这些方法的效果和反馈,促进集体讨论和改进。

4. 实施并监测调整效果

调整策略实施后,教师和研究者需要密切监测其效果。通过观察学生的反应、收集学生反馈和教学数据,了解新措施的实际效果,并识别出需要进一步调整的地方。监测过程中的数据和反馈将为下一步的反思与行动提供重要的依据。

【示　例】··

　　在实施多种讨论策略后,教师发现分组讨论的方式最能激发学生的兴趣和参与意识,同时也注意到一些小组中存在个别学生不参与讨论的情况。该教师决定在后续的教学中进一步细化小组分工,尝试为每位学生分配特定的角色和任务,以促进更均衡的参与。

5. 总结

基于反思的行动调整策略是一个动态的过程,需要教师不断尝试、观察、反思并调整。这种策略的关键在于灵活应用反思成果,结合实际教学情境和学生需求,不断调整和优化教学方法。行动研究的核心在于将理论和实践相结合,通过持续的反思与改进,推动教育实践的进步。

二、反思成果的记录与共享

在行动研究中,反思成果的记录与共享是确保反思过程有效的重要环节。记录反思成果有助于积累实践经验,提供未来改进的依据;而共享反思成果则能促进教师之间的相互学习,推动教育社区的集体成长。

1. 反思的成果

(1) 反思日志。

反思日志是一种常用的记录工具,能够帮助教师系统地记录日常教学中的观察、思考和感悟。在日志中,教师可以详细描述教学过程、学生反应、实施的策略以及改进的效果,并对其中的成败进行分析。这种文字记录不仅有助于明确反思内容,也能为未来的教学决策提供依据。

【示 例】···

在学生批判性思维能力培养的案例中,教师每次课后都记录了学生的表现和自己的反思。例如,教师记录下学生在讨论中的积极性、发言次数、思考深度等,还详细写出他所采取的提问方式和课程内容如何影响这些表现。通过持续记录,他发现某种提问方式能更有效地激发学生的深入思考,从而决定在未来课程中更多地使用这种方式。

（2）反思讨论。

反思讨论可以通过教师团队会议或专业学习社群的形式开展，促进集体反思。在反思讨论中，教师可以分享自己的经验和困惑，互相提供反馈和建议。这种交流不但有助于个体反思的深化，还能拓展反思的视角，形成更广泛的教育洞见。

【示 例】⋯⋯⋯⋯⋯⋯⋯⋯⋯⋯⋯⋯⋯⋯⋯⋯⋯⋯⋯

某学校定期举办"教学反思会"，教师轮流分享他们在行动研究中的心得和经验。在一次关于课堂管理的反思会上，一位教师分享了他如何通过调整提问方式提高了学生的参与度，其他教师则根据自己的经验提供了进一步的建议，如结合更多的学生自评环节。通过这样的讨论，教师可以不断调整和改进自己的教学策略。

（3）利用多媒体工具进行反思记录。

随着技术的进步，教师还可以利用视频录制、音频记录和电子笔记等多媒体工具来丰富反思记录的形式。这些工具能够更生动详细地捕捉课堂情境，并帮助教师回顾和分析教学过程中的具体细节。此外，利用数字化平台存储和管理反思资料，便于随时回顾和共享。

【示 例】⋯⋯⋯⋯⋯⋯⋯⋯⋯⋯⋯⋯⋯⋯⋯⋯⋯⋯⋯

在一次行动研究中，一位教师用视频记录课堂讨论环节，并于课后邀请同事一起观看和评论。在视频中，教师不仅能够看到学生的表情、肢体语言等细节，还可以更客观地分析课堂互动的效果。这种多媒体工具的使用，帮助教师更全面地反思并调整教学策略。

2. 反思成果的常见共享方式

（1）在专业会议和研讨会中分享。

教师可以通过在教育研讨会、教学工作坊或其他专业会议上展示自己的研究和反思成果，在更广泛的教育社区中进行互动。这不仅能够获得来自同行的反馈和建议，还可以激发新的教学灵感，形成更为丰富的专业交流网络。

【示　例】⋯⋯⋯⋯⋯⋯⋯⋯⋯⋯⋯⋯⋯⋯⋯⋯⋯⋯⋯⋯⋯

　　一位教师在区域教育研讨会上分享了在"提高课堂讨论有效性"行动研究中的经验。教师展示了通过反思和调整的讨论策略如何显著改善了学生的参与情况、增加了其思维深度，获得了其他学校教师的积极反馈和建设性建议。教师又借鉴了这些反馈和建议，进一步完善了自己的教学方法。

（2）发表研究报告和案例分析。

将反思成果编写成研究报告或案例分析，并在教育期刊等上发表，是另一种有效的共享方式。这种做法不仅能够系统地总结和传播教学经验，还能为其他教师提供具体的参考和借鉴。

【示　例】⋯⋯⋯⋯⋯⋯⋯⋯⋯⋯⋯⋯⋯⋯⋯⋯⋯⋯⋯⋯⋯

　　一位教师撰写了一篇关于自己如何调整课堂讨论方法以

提高学生参与度的研究报告,并投稿至学校的刊物。研究报告发表后,引起了学校的关注,不仅激励了其他教师尝试新的教学策略,还促使学校管理层考虑将研究报告中的方法进行推广。

（3）总结。

反思成果的记录与共享在行动研究中具有重要意义,它不仅帮助教师不断优化自己的实践,还促进了教育社区内教师的知识交流与共同成长。通过多样化的记录方法和多渠道的共享方式,教师能够积累宝贵的教学经验,并通过相互学习和支持,推动教育质量的整体提升。

三、反思的持续作用与反馈机制

在行动研究中,反思不仅是阶段性的活动,更是贯穿整个研究过程的持续性行为。反思的持续作用在于其能够为教育实践提供不断调整和优化的依据,并通过有效的反馈机制,将反思成果转化为实际改进措施,从而推动教学的持续发展和变革。

1. 反思的持续作用

（1）持续优化实践。

反思的持续作用首先体现在教育实践的不断优化上。在行动研究的每一轮循环中,教师通过反思前一阶段的行动效果,识别出问题和不足,进而调整后续的教学策略。这样的反思—调整—再反思的过程,使得教学实践能够不断完善,逐步达到预期的改进目标。

【示 例】..

在一个行动研究中,一位教师致力于提高学生的阅读理解能力。通过反思,教师发现学生在阅读长篇文本时往往缺乏耐心和细致的分析能力。为此,教师调整了教学策略,将长篇阅读任务拆分为多个小任务,并引入讨论和小组合作活动。接着,教师观察到学生在小任务中的表现显著改善,但在更大篇幅的整合性任务中仍然存在困难。由此,教师继续设计教学策略以解决这一问题。通过这种持续的反思和调整,教师逐步找到了兼顾学生阅读耐心和整体分析能力的方法,并有效地提高了学生的阅读理解水平。

(2)促进教师专业成长。

持续的反思不仅有助于优化教学实践,还能显著促进教师的专业成长。在反思过程中,教师不断质疑和改进自己的教学理念与方法,这种批判性的自我审视使教师能够更深入地理解教育理论与实践的关系,发展出更为成熟的教育信念和专业技能。

【示 例】···

　　一位新教师在参与行动研究后,通过持续的反思逐渐意识到自己在管理课堂纪律时过于依赖外部控制手段,忽略了学生的自主性。在与其他教师的讨论中,该教师受到启发,开始尝试将外部的课堂管理策略转向建立以学生为中心的自主规则体系。几个月后,该教师发现学生的自我管理能力显著提高,自己的课堂管理方式也更加灵活和有效,这一经验进一步增强了这位新教师的专业信心。

（3）构建反思性教学文化。

反思的持续作用还体现在反思性教学文化的建设上。当教师经常性地进行反思并相互分享反思成果时，这种实践有助于形成一种鼓励反思、重视批判性讨论和持续改进的教学文化。这种文化氛围能进一步激发教师的创新意识和合作精神，进而推动整个教育机构的集体成长。

【示　例】..

　　某学校将反思纳入常规的教学评估环节，每学期都要求教师提交个人反思报告并在校内教学会议上分享。通过这种制度化的反思机制，教师逐渐形成了主动反思、积极讨论的习惯。这种习惯不仅提高了学校整体的教学质量，还增强了教师团队的凝聚力和合作意识。

2. 建立有效的反馈机制

（1）多渠道反馈获取。

为了确保反思能够转化为实际行动，建立一个多渠道的反馈机制至关重要。教师可以从学生反馈、同事评估、家长意见以及教育专家建议中获取多样化的反馈信息。多种来源的反馈能够帮助教师更全面地了解其行动的效果和潜在问题，从而更加精准地调整和改进实践。

【示　例】..

　　在一个关注课堂参与度的行动研究中，教师通过定期发放问卷来获取学生的反馈，并利用家长会了解家长的意见。同时，教师还邀请其他教师来观摩自己的课堂并给出改进建议。这些来自不同角度的反馈帮助他识别出课堂中的多种问

题,如教学内容的难度、讲解速度以及课堂互动方式等方面的
不足,并据此进行针对性的调整。

(2) 持续评估与改进循环。

反思机制的持续作用还依赖动态的评估和改进循环。在每一轮行
动研究中,教师都需要定期评估之前的行动效果,并根据反馈和反思结
果,制定新的改进行动。这种不断循环的评估与反思过程,不仅可以确
保行动研究的持续性和有效性,还能为教育实践的不断改进提供保障。

【示　例】┈┈┈┈┈┈┈┈┈┈┈┈┈┈┈┈┈┈┈┈┈┈┈┈┈┈

　　一位数学教师在实施新的教学策略后,通过观察和学生
反馈发现,该策略在短期内提升了部分学生的参与度,但仍有
部分学生的理解效果不理想。他在第一轮行动研究后对策略
进行了反思,意识到需要更细致地照顾不同学生的学习需求。
于是,教师在反思和讨论的基础上调整了教学方法,加入小组
讨论和个别化辅导的环节。

　　在随后的几轮研究循环中,这位教师持续进行评估,观察
调整后的效果。他定期收集学生的反馈,分析哪些环节仍需
要改进,并与同事共同探讨新的改进措施。通过这种不断的
评估、反思和调整,他逐步完善了教学方法,改善了课堂效果。
这种动态的评估和改进循环确保了行动研究的持续性与有效
性,并始终为他的教学实践注入新的改进动力。

(3) 反馈的透明化与合作化。

为了最大化反思的作用,反馈应当是透明的和合作性的。教师在获

取反馈的同时，也应主动分享自己的反思成果和改进行动，确保整个教育团队的参与度和共享性。这样的反馈机制可以增强团队的合作意识和信任感，有助于形成一个学习共同体，从而推动整个环境的正向变革。

【示　例】···

　　某学校通过创建在线反馈平台，鼓励教师、学生和家长随时发表意见与建议。教师在平台上定期更新自己的反思日志，公开自己的教学调整策略和经验。通过这种透明的反馈机制，教师更好地了解彼此的教学方法和改进思路，从而共同推动学校教学质量的提升。

3. 总结

　　反思的持续作用和有效的反馈机制是行动研究成功的关键因素之一。通过不断的反思和多渠道的反馈获取，教师不仅能在实践中获得成长，还能推动教育环境的持续优化。建立有效的反馈机制，有助于将反思成果转化为具体的改进行动，从而促进教育实践不断发展。

第八章

修正与再行动

第一节　制定修正计划

在凯米斯程序的螺旋循环中,反思后进行修正是一个关键步骤。修正行动计划的目的是根据前一阶段的反思和反馈,优化或调整既定的目标、策略、资源分配及时间安排,以更有效地应对研究中发现的问题。这一过程涉及对行动研究的各个方面进行审视和调整,以确保下一步行动更具针对性和实效性。

一、明确修正的目标和原则

在行动研究中,修正行动的首要步骤是明确修正的目标和原则。一个明确的修正目标应具体、清晰,并直接针对前一轮行动中发现的问题。修正目标需要建立在反思的基础上,关注实践中的真实问题和改进需求,以确保下一轮行动更加有效。为此,需要遵循几个关键原则:针对性、可行性和灵活性。

针对性指的是修正目标应直接回应之前行动中的具体问题。

【示　例】⋯⋯⋯⋯⋯⋯⋯⋯⋯⋯⋯⋯⋯⋯⋯⋯⋯⋯⋯⋯⋯⋯⋯⋯⋯⋯⋯⋯⋯

教师经反思,发现部分学生在小组讨论中的参与度不高,便确定了一个修正目标:提高这些学生在讨论中的积极性。为了使行动更有针对性,教师决定专注于那些过去不活跃的学生,分析他们参与度不高的原因,如对讨论题目缺乏理解或兴趣。接着，教师通过提前提供相关讨论材料和导入背景信息来减少这些学生参与的障碍，并调整讨论题目，使其更具挑战性和开放性，激发更多的参与。

可行性指的是修正目标必须现实可行，能够在实际的教学中有效实施。

【示　例】...

教师在设定提高学生讨论参与度的目标时，需要考虑到时间和资源的限制，因此选择利用已有的课堂时间来导入主题和材料，而不给学生增加额外负担。这样可以确保修正措施能够被顺利执行，不会因为条件限制被搁置。

灵活性指的是在修正目标的设定和实施过程中保持开放性与适应性。在具体行动中，教师应当根据学生的反馈和课堂效果，灵活调整策略，以确保目标的达成。如当某些调整措施未能产生预期的效果时，教师应快速进行反思和修正，尝试其他方法。

通过明确修正的目标和原则，行动研究者能够确保后续行动的有效性和针对性，为实现持续改进奠定基础。

二、制定具体修正计划

在明确了修正的目标和原则之后，下一步是制定具体的修正计划。这个计划应详细列出具体的行动步骤，包括如何调整教学策略、采用新的方法，以及如何监控和评估这些措施的效果。为了使计划更加有效，须将教师、学生以及其他利益相关者的反馈纳入其中，确保计划的制定更为全面和切实可行。

【示 例】 ....

为了提高学生在小组讨论中的参与度,教师可以采取以下几项具体措施。

(1)调整讨论形式:将过去的全班讨论改为小组讨论的形式,给每个小组指定一位讨论引导者,以鼓励所有成员积极参与。每位引导者还将负责记录小组成员的发言情况和讨论进展。

(2)引入讨论模板:提供一个简单的讨论模板,包含讨论要点、关键词以及相关问题提示。通过这种方式,帮助学生更好地理解讨论的内容,激发他们的兴趣和参与欲望。

(3)实施多样化评估:将参与度纳入课堂表现评估体系中,评估不仅限于最终结果,还包括讨论过程中的积极性和合作态度。

具体措施可帮助教师将改进目标细化为可操作的步骤,确保计划不仅清晰明确,而且具有可实施性。同时,教师通过及时监控和收集数据来评估这些措施的效果,从而不断调整和优化行动计划,以应对可能出现的新挑战。

三、重新分配资源与时间

在实施修正计划的过程中,有效的资源和时间分配至关重要。研究者需要考虑哪些资源(如教学材料、学生支持)是必需的,如何在有限的时间内合理分配这些资源,以及如何协调相关人员的参与。

【示 例】···

为了确保小组讨论的顺利进行，教师可以重新分配课堂时间，将更多时间用于小组讨论和互动。教师减少不必要的讲授内容，把时间重点放在讨论引导和学生反思上。此外，为了提升小组讨论的有效性，教师可以设计一套讨论指导手册，提供明确的讨论要点和问题提示，同时引导学生使用简单的工具(如纸张、笔和便签)记录讨论过程和反思。

为了进一步支持讨论，教师可以组织学生担任观察者的角色，每个小组派出一名成员去观察并记录其他小组的讨论情况。这种做法能够增强学生的责任感和参与感，让他们在观察中学习，在反思中成长。

通过重新分配资源与时间并设计更为合理的支持机制，教师可确保修正计划得以顺利实施，并促进学生在新学习模式中积极参与。这种调整方式有效地利用了现有资源，达到了改进教学效果的目的。

第二节 再行动

一、评估修正的有效性

在实施修正后的行动之后，评估其有效性是一个关键步骤。评估可以帮助研究者了解修正是否实现了预期目标，并发现进一步改进的空间。在行动研究中,这通常通过数据分析、反馈收集和观察比较来完成。

【示　例】··

假设在修正小组讨论策略之后,教师决定评估这一修正是否有效地提升了学生的参与度和批判性思维能力。为此,教师可以制定一套评估标准,衡量包括学生的发言次数、讨论的深度和复杂性,以及学生对讨论问题的理解和反馈等在内的内容。教师可以通过观察课堂表现、分析学生的讨论笔记和记录,以及开展课后访谈来收集相关数据。

在数据分析中,教师可能发现,虽然学生在讨论中的参与度显著增加,但仍有部分学生在讨论中倾向于保持沉默或不能够深入地表达自己的观点。为进一步评估,教师可以邀请学生填写一份反思问卷,了解他们在小组讨论中的感受和遇到的困难。通过这些评估手段,教师能够更全面地了解修正措施的成效,并为下一步的行动提供依据。

二、记录和分享修正过程

记录和分享修正过程不仅是行动研究本身的一部分,也是确保其透明性和可持续性的重要手段。通过详细记录修正过程,教师能够更好地反思其决策和行动的影响,同时为其他教育者提供有价值的参考。

【示　例】··

教师在实施新的讨论策略的过程中,可以详细记录每个阶段的计划、执行情况和反思。使用反思日志记录每日的课堂观察结果,列出哪些策略有效、哪些需要进一步调整。同

时，教师还可以记录学生的反馈和反思，特别是那些反映出新
的问题或挑战的部分。

在行动结束后，教师可以将这些记录整理成一份详细的报告，并在
校内教师交流会上分享。通过分享修正过程中的经验和教训，教师不仅
能够获得同事的反馈和建议，还能帮助其他教师了解类似教学情境下的
有效策略。这样的记录和分享过程，不仅可以促进教学实践的改进，也
能够推动学校内行动研究文化的形成和发展。通过评估修正的有效性
和记录、分享修正过程，教师和研究者能够在不断的行动与反思中持续
改进。

三、行动研究的循环特征

在行动研究中，循环特征是一种核心理念，它强调研究者通过不断
的反思和修正，逐步优化行动策略。行动研究并非线性过程，而是一个
动态的循环，每一轮的"行动—反思—修正—再行动"都为研究的深化提
供了新的契机。这种循环过程旨在通过持续的改进和调整，逐步获得更
好的教育效果和实践变革。

【示　例】..

　　某学校教师团队在初步的课堂讨论改进行动后，通过反
思发现，虽然学生的参与度有所提高，但批判性思维的表现仍
然不足。在这种情况下，研究者并不满足于初步结果，而是想
要继续分析学生的表现和反馈。教师团队决定再次调整讨论
的结构，增加更具挑战性的开放性问题，并为学生提供更多的
自主思考和表达的机会。新的行动策略经过反复测试和调

整,逐渐实现了提高学生批判性思维能力的目标。

这种循环性不仅能帮助研究者逐步实现预期目标,还能让他们在每一轮行动中发现新的问题和机会,不断拓展研究的深度和广度。通过持续的反思与修正,研究者能够对教育实践进行全面而深入的探索和改进,真正实现教学质量的优化。

在实际的行动研究中,循环次数的确定应基于研究目标、问题的复杂性、参与者反馈的质量以及资源与时间的限制等多个因素进行综合考量。以下是一些建议,帮助研究者在具体情境中确定合适的循环次数。

1. 根据研究目标确定循环次数

研究者应首先明确研究的目标和预期成果。如果目标是解决一个具体的教学问题,那么至少需要两轮循环:第一轮用于初步实施行动并收集反馈;第二轮用于基于反馈进行修正和再行动,以检验改进措施的有效性。如果研究目标较为复杂,如希望改变教学文化或评估新政策的长期影响,则可能需要更多的循环,以观察逐步产生的变化和效果。

2. 考虑问题的复杂性和参与者反馈

行动研究中的问题复杂性往往决定了所需的循环次数。对于较简单的问题,可能在一两轮循环中就能有效解决;而对于涉及多重变量和利益相关者的复杂问题,则可能需要多轮循环,以逐步调整和深入分析。此外,参与者反馈的质量也应作为一个重要的参考。如果参与者在初期循环中提供的反馈足够深入和全面,研究者便可以在较少的循环中实现预期目标。相反,如果反馈不足或反映出新的未解决的问题,则应增加循环次数,继续探索和改进。

3. 结合资源和时间的限制

研究者还应考虑实际的资源和时间的限制。行动研究通常在实际教育情境中进行，研究者须平衡教学任务与研究之间的关系。过多的循环可能会超出参与者的承受范围，影响他们的积极性和参与质量。因此，在确定循环次数时，应充分评估时间和资源的可用性，找到合理的平衡点。例如，一个学期的行动研究可能仅能安排两到三轮循环，而一个学年的研究则可进行更多的循环。

4. 关注阶段性成果的获得

研究者应关注每一轮行动后的阶段性成果，并将其作为决定是否继续循环的重要依据。在每一轮反思之后，评估修正措施的有效性，并确定是否已经取得预期成果。如果阶段性目标已经实现，研究者可以考虑结束研究；否则，应继续进行下一轮循环，进一步改进。

【示　例】...

　　一位教师在进行提升学生批判性思维能力的行动研究中，初步设置了两轮循环。第一轮行动后，通过课堂观察和学生反馈，教师发现部分学生仍然难以深入分析和表达观点。教师基于这些反馈，调整了教学方法，增加了互动式讨论和引导性问题。第二轮行动后，尽管大部分学生表现出显著进步，但仍有少数学生需要进一步支持。经过反思和讨论，教师决定增加第三轮循环，专门针对这些学生设计了个性化的支持措施，确保研究目标的全面实现。

总之，确定循环研究的次数时需要灵活应对，根据研究目标、问题复杂性、反馈质量和资源状况进行动态调整，以确保研究的有效性和可行性。

第九章
行动研究的成果展示与报告撰写

第一节　行动研究成果的展示与公开

一、行动研究成果展示的特点

行动研究的成果展示具有独特的特点,主要体现在真实情境中的实践叙事和多样化的成果表现形式上,与一般教育研究的成果展示有显著区别。

首先,行动研究成果展示强调真实情境中的实践叙事,这与一般教育研究常见的抽象数据分析和理论推导不同。一般教育研究常采用量化或质性的方法,通过统计数据、结构化访谈或问卷调查等形式进行理论验证和概念探讨,其成果往往以论文或报告的形式呈现,着重展示研究的科学性和普适性。然而,行动研究的成果更侧重于具体教育情境中的实地操作和实践经验。研究者在展示成果时,通常会以叙事性的方式记录教育过程中遇到的问题、采取的措施以及取得的效果。这种叙事方法不仅能够展示行动研究的动态过程,还能够呈现教师、学生以及其他利益相关者的多元视角和真实声音。

其次,行动研究成果展示的多样化形式是其另一显著特点,这与一般教育研究成果的规范化展示方式形成对比。一般教育研究多以学术论文、研究报告的形式发表,目标受众主要是学术界的同行,因此其格式和语言较为严谨与规范。然而,行动研究的成果展示形式更为灵活和多样,既可以在学术期刊和会议上发表,也可以通过研讨会、教研活动、家长会、社区论坛等多种渠道进行展示。研究者还可以选择视频记录、海报展示、教学案例集、电子作品集等创新方式,以更具吸引力的形式呈现研究成果。这种多样化的展示方式不仅拓宽了成果的传播途径,还能有效促进研究者与教育实践者之间的互动。

【示　例】···

　　在一次家长会中,教师可以通过视频短片展示新教学策略在课堂中的实际应用效果,增强家长对学校教学实践的理解和支持。

此外,行动研究的成果展示还注重即时反馈和持续改进,这在一般教育研究中较少见。一般教育研究的成果展示通常在研究完成后才进行,目的是总结和验证研究的有效性,强调研究结论的严谨性和可靠性。相比之下,行动研究强调不断的反思与改进,其成果展示是一个动态的过程,通常伴随着参与者的互动和讨论。在这个过程中,研究者和参与者可以根据反馈立即调整行动计划,进一步改进教育实践。

【示　例】···

　　一位校长在地区教研会上展示学校的行动研究成果后,根据其他校长和教师的反馈,立即制定了下一步的改进措施。

这样的动态展示方式不仅增强了行动研究的实践性和灵活性,还加强了教育实践者之间的合作与学习。

综上所述,行动研究的成果展示以其叙事化、形式多样化和动态性为特点,与一般教育研究形成鲜明对比。这种展示方式更能适应教育实践的复杂性和多样性,可增强研究的实际应用价值和影响力。

二、行动研究成果的公开与传播方式

在行动研究中,成果的公开与传播方式多种多样,注重促进教育实践者之间的交流和合作,同时也为更广泛的教育社区和公众提供有价值的见解。与一般教育研究相比,行动研究的成果传播方式更灵活、多样化,更加强调实践导向和互动性。

首先,行动研究成果的公开往往采用更具开放性和多渠道的传播方式。这与一般教育研究将学术期刊和专业会议作为主要传播渠道有所不同。行动研究鼓励研究者通过多种平台和形式分享研究成果,如学校内部的教师研讨会、专业发展活动、教育博览会、地区和国家的教育会议等,甚至可以在社交媒体上分享经验和见解。

【示　例】

一位教师在实施批判性思维教学的行动研究后,不仅可以在教育学术期刊上发表论文,还可以通过网络博客分享研究过程中的心得体会,鼓励其他教师尝试新的教学策略。这种做法扩大了成果的受众范围,使之不仅局限于学术圈,还涵盖了更广泛的教育从业者和公众。

其次,行动研究强调成果的易获取性和可操作性。与一般教育研究中较为晦涩的学术语言不同,行动研究通常采用更通俗易懂的语言和简洁明了的表达方式,使得不同背景的受众都能理解和应用研究成果。

【示　例】

在展示提高学生课堂参与度的研究成果时,教师可以使

用图表、案例叙述、视频等多种形式,清晰呈现教学策略的调
整过程和取得的效果。

这种易于理解和操作的展示方式,能够有效促进教育实践者之间的
经验交流和学习,也更容易被教育政策制定者和学校管理者接受。

第三,行动研究的传播方式注重反馈和双向交流。一般教育研究的
成果传播多为单向传递信息,而行动研究则鼓励研究者和利益相关者之
间的持续对话与互动。

【示　例】···

在一次地方教育局的会议上,教师团队展示了他们的批
判性思维教学的行动研究成果,并选择留出时间与其他教师
和教育管理者讨论,收集反馈意见,以进一步改进后续的教学
实践。

这种开放的传播方式不仅增强了研究的实践指导意义,还能借助利
益相关者的反馈,持续完善和改进行动计划。

此外,行动研究的成果传播还可以通过本地化的教育政策和项目实
施来进行。例如,学校可以将成功的行动研究成果纳入其教学改进计划
中,或将其作为教师专业发展的一部分进行推广。教育部门也可以通过
政策文件、培训材料、课程指南等形式,将有价值的行动研究成果推广到
其他的学校和教育机构中。

【示　例】···

一所学校在成功进行一项关于提升学生参与度的行动研

究后,可以将研究成果纳入新教师培训计划中,并在其他学校
进行推广,以帮助其他教育实践者学习和借鉴该研究的经验
与方法。

当然,在行动研究成果的公开与传播中,传统方式,如学术论文和研
究报告依然占有重要地位。这些方式不仅延续了一般教育研究的严谨
性和学术性,也为行动研究提供了一个更宽广的学术交流平台。

总之,行动研究成果的公开和传播方式充分体现了其实践导向和灵
活性。通过多种形式和渠道,研究者可以更广泛地传播他们的研究成
果,促进教育实践者之间的对话和协作,并最终推动教育的持续改进。

三、强化行动研究成果传播的策略

在行动研究中,成果的有效传播是研究取得真正影响力的重要一
环。传播的目的不仅在于分享研究发现,还在于促进教育实践者之间的
相互学习和合作。设计和实施有效的成果传播策略是确保行动研究影
响力的关键。

首先,研究者应明确传播的目标群体和传播渠道。在行动研究中,
成果的传播对象往往不仅限于学术界的研究人员,还包括一线教师、学
校管理者、政策制定者、家长及其他利益相关者。根据不同群体的需求
和特点,研究者应选择最合适的传播渠道。例如,针对学术界,可以通过
发表学术论文、参加学术会议等传统方式进行传播;而对于一线教师和
学校管理者,可以选择教育工作坊、研讨会、内部培训等更加直接和实践
导向的方式。多样化的传播渠道能够确保研究成果被不同受众群体接
受和应用。

其次,研究者应重视研究成果的可读性和实际应用性。为增强成果

传播的效果,研究者应在研究成果呈现时避免过度使用学术术语或复杂的理论框架,而采用清晰、简明的语言来描述研究过程和发现。同时,研究者应注重分享实际的操作步骤、策略和实践中的案例,以增强研究成果的实践指导性。例如,可以通过创建简单明了的操作手册、教学指南或视频教程,使研究成果更易于被一线教育工作者理解和采纳。这些形式的传播材料能够帮助教育实践者迅速掌握与应用在行动研究中被证明有效的方法和策略。

此外,研究者可以利用数字技术和社交媒体来扩大成果的传播范围。数字技术和社交媒体的结合,提供了即时、广泛的传播渠道,可以帮助研究者快速将研究成果传播到更大的受众群体中。例如,研究者可以通过创建博客、撰写在线文章、录制播客或制作短视频等方式来分享他们的研究经验和成果。这些数字化的传播方式不仅能够吸引更多的关注,还可以在更大范围内引发讨论和互动,促进教育实践中的创新与合作。

最后,研究者应鼓励反馈和持续对话。有效的研究成果传播应该是双向的交流过程。在分享研究成果的同时,研究者应积极邀请受众提供反馈,并参与讨论。这种开放的态度能够帮助研究者不断反思和改进研究,同时也为研究成果在实际教育情境中的应用提供新的视角和启发。研究者可以在传播活动后设置反馈渠道,例如设计在线问卷、创设讨论空间或开展定期的跟进会议,确保研究成果的传播能够持续产生影响。

通过明确目标群体和传播渠道、增强可读性和实际应用性、利用数字技术和社交媒体扩大影响力,以及鼓励反馈和持续对话,行动研究的成果可以在更大范围内传播,并在更广泛的教育实践中发挥作用。这种强化传播的策略,不仅能够提升研究的社会影响力,还能推动教育实践的持续改进和创新。

第二节　撰写行动研究报告

一、开放式问题和叙事化的引言

在撰写行动研究报告时,使用开放式问题和叙事化的引言是一种有效的方法,有助于抓住读者的兴趣并展现研究的背景。这种引言方式不仅能够直接引入研究的核心问题,还能展示研究者的思考过程和研究动机,从而为整个研究报告设计一个生动的开端。

首先,开放式问题能引导读者思考并与研究内容产生共鸣。行动研究通常涉及具体的教育实践情境和目标,研究者可以通过提出开放式问题,引导读者关注研究中待解决的核心问题。

【示　例】⋯⋯⋯⋯⋯⋯⋯⋯⋯⋯⋯⋯⋯⋯⋯⋯⋯⋯⋯⋯⋯⋯⋯⋯⋯⋯

在一个提高学生批判性思维能力的行动研究报告中,开头可以这样问:"在当前的教育环境中,如何通过课堂互动有效地培养学生的批判性思维?"这样的开放式问题既能引发读者的兴趣,也能为后续的研究内容提供一个明确的方向。

其次,叙事化的引言使研究过程更加贴近实际,增加研究的可信度和可读性。行动研究本质上是一种实践性的研究方法,其研究问题和过程往往直接来自教育实践。通过使用叙事化的引言,研究者可以描述自身在特定教育情境中的观察和经验,将读者带入一个具体的情境中。例如,可以从研究者在课堂中观察到的具体现象或事件开始,通过生动的描述展示研究者如何意识到某个问题的存在,并决定进行深入的研究。这种叙事化的引言不仅能够增强读者的代入感,还能为研究的背景和动机提供一个有力的说明。

与一般教育研究的引言相比,行动研究的引言更加注重研究者个人的经历和反思。它鼓励研究者不仅要描述"是什么"问题,还要说明"为什么"这个问题值得研究,以及它与研究者的日常教学实践有何关联。这种个人化的叙事风格能够更好地体现行动研究的特征,即研究者作为反思性实践者的角色。通过引入研究者的个人叙事,读者能够更清晰地理解研究背后的逻辑和意义,从而更好地理解研究的价值。

总之,开放式问题和叙事化的引言不仅是行动研究报告的一个重要组成部分,还反映了行动研究方法的特点和优势。它们帮助读者迅速抓住研究的核心问题,同时也增强了研究的真实性和吸引力,为整个研究报告的展开奠定了基础。

二、数据呈现与行动过程的详细描述

在行动研究报告的整体结构中,数据呈现与行动过程的详细描述是报告的核心部分之一。这一部分不仅展现了研究者如何在具体情境中实施行动计划,还呈现了研究过程中收集到的数据,以及这些数据是如何支撑研究的发现和结论的。准确而详细的描述能够增加研究的透明度和可信度,帮助读者理解研究的过程、方法和结果。

首先,数据呈现应当以清晰、有序的方式进行,确保读者能够快速理解数据背后的含义。在行动研究中,数据可以是多种多样的,包括课堂观察记录、访谈转录、学生的作品、问卷结果、教师的反思日志等。为了有效地传达这些信息,研究者应使用图表、表格、关键摘录或数据片段等

方式，将数据的核心内容直观呈现出来。同时，应当对这些数据进行适当的注释和解释，帮助读者理解数据的背景和重要性。

【示　例】……………………………………………………………………

　　在描述学生学习行为的变化时，可以使用图表来展示前后测评的差异，并通过文字来分析学生表现的变化趋势及其可能的原因。

　　其次，行动过程的详细描述需要围绕研究目标展开，按照时间顺序或行动步骤清晰地记录每一个重要阶段和决策。这部分内容应包括行动计划的制定、实施的过程、出现的挑战与应对的措施，以及每个行动环节的反馈和调整情况。描述时要注重细节，特别是要描述研究者的观察和反思如何影响了后续的行动调整。这样可以使读者更好地理解行动研究的循环特征和动态性，看到研究过程中的改进和进展。

　　此外，行动过程的描述还应突出研究中的合作和参与特征。行动研究强调利益相关者之间的互动与合作，因此在描述行动过程时，研究者应关注不同参与者的角色及其对研究的贡献。例如，说明教师、高校学者、学校管理者和其他利益相关者在研究中的参与方式和程度，并说明如何通过他们的反馈来调整行动计划。这种描述不仅能够体现行动研究的实践性和合作性，还能说明研究过程的多样性和复杂性。

　　最后，在呈现数据和描述行动过程时，研究者需要注重语言的清晰性和逻辑性，避免使用过多的专业术语或复杂的表达方式。数据的呈现和行动过程的描述应该简洁明了，让读者能够轻松理解研究者的工作流程、数据来源及其分析方式。必要时，研究者还可以将数据和行动过程的描述与前面的反思部分联系起来，展示反思如何影响行动的调整和优化,以此强调行动研究的持续改进特征。

通过对数据呈现与行动过程的详细描述,读者能够全面了解行动研究的实际操作和研究发现的基础。这一部分不仅支撑了研究的可信度,也为读者提供了研究在实践中可能具有的借鉴意义,帮助他们更好地理解和应用行动研究的方法。

三、综合反思与实践改进建议的讨论

在行动研究报告的整体结构中,综合反思与实践改进建议的讨论是对整个研究过程的回顾与总结。这一部分的核心作用在于通过对研究过程和结果的全面反思,提出具有建设性的改进建议,从而为教育实践提供理论支持和实践指导。这部分内容不仅应当基于收集到的数据和研究者的观察,还应结合研究的挑战和发现,帮助读者看到研究在实践中的价值与应用前景。

首先,综合反思应聚焦于研究的关键发现与意外收获。在回顾整个研究过程时,研究者需要明确指出哪些行动策略和方法有效促进了目标达成,哪些没有取得预期效果,以及导致这些结果的原因。

【示 例】......

研究者可以分析在数据收集和分析过程中发现的学生学习行为的模式变化或教学策略的局限性,并探讨这些变化背后的深层原因。

这种反思应是批判性的,既关注成功之处,也不回避失败或不足,展示研究的全貌及其在不同情境下的适用性。

其次,在综合反思的基础上,研究者应提出具有针对性的实践改进

建议。这些建议应紧扣研究目标和研究问题，同时考虑研究过程中所遇到的具体情况和实际挑战。研究者应明确指出如何在未来的实践中调整策略和方法，以更好地满足教育目标。

【示　例】 ···

　　研究者可以根据反思的结果，建议在未来的行动中如何更有效地利用教学资源、如何改进教学方式，或如何更好地激发学生的学习动机。

　　建议应当具体、可操作，并具有针对性，以确保其在实践中具有真正的指导意义。

　　此外，讨论部分还应反映出行动研究的持续性特征。行动研究强调不断循环和改进的过程，因此，研究者应在讨论中明确指出下一步的行动方向，说明如何根据当前研究的反思和发现开展下一轮行动。这种持续改进的观念不仅强化了行动研究的实用价值，也表明了研究的开放性和动态性。

　　最后，综合反思与实践改进建议的讨论，还应关注研究的更广泛影响。研究者可以在此部分探讨研究成果在其他教育情境中的应用可能，讨论如何将本次研究的经验和发现推广到更大的教育实践中去。这种讨论能够帮助读者理解研究的意义和价值，使他们认识到行动研究不仅是为了解决特定情境中的问题，也是为更大范围的教育改进和创新提供理论依据与实践指导。

第十章
行动研究的合作与常见挑战

第一节 行动研究的合作

一、合作研究的核心特征与重要性

合作研究是行动研究的核心特征,它强调研究者和教育实践者之间的协作。合作研究旨在通过研究者与教师的共同努力,形成一种持续的对话和互动,以改进实际的教育实践。这种合作不仅是研究者与教师的简单配合,更是双方在教育实践中共同探讨问题、设计行动方案和反思改进的过程。

首先,合作研究确保了行动研究的实践导向性。行动研究的核心在于改变和改进教育实践,而这种改变和改进只能通过教育实践者的直接参与才能实现。因此,合作研究的过程需要校外研究者深入课堂和学校,与校内教师一起识别和分析问题,制定行动计划,并在实践中反思和调整。合作研究的目的在于唤醒教师的提问意识和解题意识,使他们能够主动参与到研究过程中,捕捉值得研究的教育问题,并通过合理的方式来解决这些问题。

其次,合作研究强化了研究的双向互动性。在合作研究中,研究者和教师之间的关系不再是传统的"研究者—被研究者"模式,而是建立在相互尊重和信任基础上的伙伴关系。合作研究鼓励教师将自己的专业判断和经验作为研究的重要依据,同时也促使研究者在研究过程中不断反思和调整自己的研究方法与理论框架。这样,研究不再是一个单向的信息收集过程,更是一种知识生产的互动过程。在这一过程中,研究者通过倾听教师的教育故事和课堂经验，可以获得对教育实践更深刻的理解。

此外，合作研究还促进了教育实践的有效改进。通过合作，研究者和教师可以共同设计和实施改进策略，确保研究结果具有实际的应用价值。例如，合作研究中的叙事研究模式鼓励教师记录自己的教育经历和反思，以叙事的方式展现教育问题的提出和解决过程，这种方式不仅能够深刻反映教育实践的复杂性，还可以为其他教师提供借鉴和参考。因此，合作研究为教育实践的改进提供了一个开放的平台，通过多方参与和持续反思，推动实践的不断优化和提升。

综上所述，合作研究之所以是行动研究的核心特征，不仅在于它的实践导向性和互动性，还在于它通过多方参与、协作和反思，促进了教育实践的改进和提升。这种合作模式体现了行动研究的独特价值，也为教育改革和创新提供了一条富有活力与成效的路径。

二、合作中的复杂性与挑战

尽管合作研究是行动研究的核心特征，但在实际操作中，这种合作常常伴随着多种复杂性和挑战，主要集中在角色冲突、话语权的平衡、科学性与实践性之间的张力等方面。这些问题如果处理不当，可能会影响合作的有效性，进而影响行动研究的整体质量。

首先，角色冲突是合作研究中的常见问题。在行动研究中，校外研究者和校内教师的角色可能出现混淆或冲突。研究者通常具备更强的理论知识和了解更多的研究方法，而教师则拥有有关教育现场的丰富实践经验。这种角色之间的差异可能导致双方在合作中职责不清或期望不一致。例如，研究者可能倾向于根据研究目标和设计要求控制研究的方向，而教师则可能更关注实际的教学需求和课堂环境的复杂性。这种角色冲突如果不加以化解，会导致教师觉得自己的专业判断和实践经验未被充分尊重,进而影响双方合作的信任感和积极性。

其次,把握行动研究的介入性是另一项挑战。行动研究要求研究者深入教育现场,但这种介入需要保持适度,既不能过度控制教学过程,也不能完全放任不管。过度的介入可能使研究者掌握更多的话语权,从而形成话语霸权,让教师感到自己的地位被削弱和边缘化。这种状况不仅会破坏合作关系,还会削弱教师的参与感和主体性,阻碍行动研究的深入开展。相反,如果研究者的介入过少,合作的效果可能会不明显,研究的方向也可能偏离既定目标。因此,研究者在合作中需要保持敏锐的觉察力,找到适当的介入点,以确保合作的有效性和教师的主体性。

第三,合作研究还可能面临研究者过度追求实证主义的问题。在许多教育研究中,传统的实证主义方法强调严谨的科学性和控制性,力求通过数据的收集和分析来得出明确的结论。然而,行动研究特别强调实践性和反思性,它不追求普遍的结论,而是关注特定情境中的具体问题和改进方法。因此,在合作中,如何平衡科学性与实践性之间的张力,成为一个关键问题。行动研究并不拒绝使用科学的研究方法,而是致力于在追求理论价值和实际应用之间找到适当的平衡。这种平衡的达成需要研究者和教师在合作中不断进行反思与调整,确保研究既有理论上的严谨性,又能对实际教育实践产生积极影响。

综上所述,合作研究在行动研究中具有重要的意义,但其实施过程的复杂性和挑战也不容忽视。通过妥善处理角色冲突、避免话语霸权、平衡科学性与实践性之间的张力,研究者和教师可以更有效地开展合作,推动教育实践的改进和提升。

三、建立有效的合作关系

在行动研究中,建立有效的合作关系是成功进行研究的关键。有效的合作关系不仅能增加研究的可信度和实践性，还能促使各方在研究过程中充分表达和发挥其作用。针对上一点内容中提到的挑战，以下是一些建立和维持有效合作关系的策略。

1. 明确合作目标和各参与者的角色

明确合作的目标和各参与者的角色是建立有效合作关系的首要步骤。在合作研究中，研究者和教师应共同确定研究目标，以确保各方都理解和认同研究的方向与目的。同时，研究者和教师需要明确各自的角色与职责，以防止角色混淆或冲突。例如，研究者应明确自己在提供理论支持和研究方法指导上的角色，而教师则应作为实践者分享课堂中的真实体验。

2. 发展信任和互相尊重

信任和尊重是建立合作关系的基础。研究者应尊重教师的专业经验和对教育实践的见解，避免以学术专家自居或过度干涉教师的教学过程。相应地，教师也应信任研究者提供的理论和方法支持，并愿意在研究过程中保持开放的态度。建立信任的过程可以通过持续的沟通和对话来实现，确保双方在研究的每个阶段都有充分的交流和反馈。

3. 促进平等对话

合作研究中的对话应是双向的、平等的，而非单向的信息传递。研究者应鼓励教师提出自己的观点、质疑和建议，并认真对待这些反馈。在这种开放的对话环境中，教师可以更加主动地参与到研究的各个环节中，推动研究目标的实现。研究者和教师之间的对话还应包括共同反思和分析研究进展，以便不断调整和优化研究策略。

4. 制定合作协议

合作协议是确保各方在行动研究中履行其职责的书面承诺。协议可以包括研究目标、合作模式、各方的角色和职责、时间安排、数据使用和共享的规定等。这种书面协议有助于减少误解和冲突,明确各方的期望和责任,并确保研究的透明性和合规性。

5. 灵活应对合作过程中的变化

在行动研究中,合作关系应具有一定的灵活性,以应对合作过程中的变化。由于教育实践是动态的,研究者和教师在合作过程中可能会遇到新的挑战或问题。此时,双方需要根据实际情况进行调整,重新评估研究计划和策略。灵活应对变化不仅有助于维护合作关系,还能确保研究的持续性和有效性。

第二节　行动研究的常见挑战与应对方式

一、时间和资源的限制

行动研究通常是一个需要长期投入的过程,这对教育环境中的教师和管理者来说,可能带来巨大的时间和精力上的压力。教师的日常工作任务繁重,通常要处理课堂教学、学生管理、家长沟通等多方面的事务,很难抽出足够的时间进行持续的反思和行动。此外,研究活动可能需要额外的资源,如专门的培训、数据收集工具、技术支持等,这些也给教师带来了额外的负担。即使研究者有心进行深入的行动研究,但若缺乏相应的时间和资源保障,研究的质量和持续性则可能受到很大影响。

为了尽量避免由此带来的问题,研究者需要制定合理的规划策略。首先,可以利用课后或假期等较为空闲的时间段开展研究活动,避免与日常教学任务产生冲突。同时,简化研究设计,使其能够自然融入教师的日常工作流程。例如，将反思和数据收集任务与教师的常规教学活动结合起来，以减轻额外负担。此外，寻求学校管理层的支持，争取更多的时间和资源保障也非常关键。这可以帮助研究者获取必要的资源，如专业培训、技术支持和适当的研究经费等。研究者还可以通过设计小规模的、快速的行动研究循环（如以一学期或一学年为周期），逐步积累研究成果，形成连续的改进过程，而非追求长期而宏大的突破。

【示 例】

在提高学生阅读理解能力的行动研究中，某中学的教师团队面临着时间和资源的双重压力。为了应对这些挑战，他们制定了一个精简的研究计划，将行动研究活动与日常教学紧密结合。每周一次的教研组会议成为教师团队的反思时间，研究者利用这些时间引导教师团队讨论教学中遇到的问题，并分享彼此的经验和建议。此外，研究者向学校管理层申请了一些研究经费，用于购买必要的教学资源和数据收集工具，如录音设备和在线问卷软件。在这个过程中，研究者还借助学校的年度培训机会，为教师团队提供了一次关于行动研究方法的简短培训。通过这些方式，该教师团队在有限的时间和资源条件下，成功地实施了一轮行动研究，并取得了显著的成效，提升了学生的阅读理解能力，也为后续的研究奠定了基础。

可以看到，研究者和教师团队不仅有效应对了时间和资源的限制，还建立了一个良性循环的研究模式，为未来的行动研究积累了宝贵的经验和资源。

二、研究方法的复杂性

行动研究强调在实际情境中进行数据收集和反思,这通常需要使用多种研究方法和工具,如访谈、观察、问卷调查、课堂录像等。这些方法的选择、操作和数据分析过程可能对缺乏研究经验的教师构成挑战。教师不仅需要掌握不同方法的使用技巧,还需要学会选择适合具体研究问题和环境的工具,这增加了研究的复杂性。此外,如何在研究过程中灵活调整方法以应对突发情况,也是教师经常遇到的难题。面对这些挑战,许多教师可能感到不知所措,从而影响研究的质量和效果。

为了应对这一挑战,研究者可以采取多种策略来简化研究方法的选择和运用过程,并增强研究方法的可操作性。首先,研究者应加强对研究团队的培训,帮助他们掌握基本的研究方法和工具使用技巧。培训内容可以涵盖如何设计访谈提纲、进行观察记录、使用问卷工具以及初步进行数据分析等。此外,在研究初期应根据实际情况选择合适的研究方法,避免设计过于复杂或难以实施的研究方案。

【示 例】...

如果研究目的是了解学生的学习态度,可以通过简单的问卷调查来获得基础数据,而不必一开始就选择复杂的长时间观察。

其次,研究者可以借助有经验的教育研究者或同行专家的指导和支持,形成一个帮助网络。通过合作或邀请外部专家指导,教师可以获得更好的方法指导和操作技巧,减少对复杂研究方法的恐惧感。还可以通过小规模的实验性研究来积累经验,逐步提升对复杂方法的掌握程度。此外,研究者应鼓励团队成员在实施过程中不断进行反思,根据实际情况调整方法和策略,以灵活应对研究中的不确定因素。

【示 例】···

　　在提高学生合作学习效果的行动研究中,某小学的教师团队起初面临着研究方法选择和运用的挑战。他们原计划同时使用访谈、课堂观察、录像分析和问卷调查等多种方法,但很快发现,这种复杂的设计超出了他们的时间许可和能力范围,导致数据收集和分析过程非常混乱,影响了研究进展。

　　在外部研究者的建议下,教师团队决定简化研究方法。他们集中使用了两个主要方法:课堂观察和简短的学生问卷调查。通过观察课堂中学生合作学习的具体行为,教师团队获得了关于学生互动和任务分配的直接数据;而通过学生问卷调查,教师团队了解了学生对合作学习的态度和感受。这一调整不仅降低了研究的复杂性,还大大提高了数据收集和分析的效率。外部研究者还为教师团队提供了观察记录和问卷设计的基础培训,使他们在方法操作上更具信心和能力。

　　由此可见,通过简化研究方法和增强培训支持,教师团队能够有效应对行动研究中由研究方法带来的挑战,从而提高研究质量和成果应用的实际效果。

三、维持参与者的积极性和持续参与

　　行动研究通常需要多方利益相关者的持续参与和合作,包括教师、高校研究者、学校管理者等。由于研究过程较长,且往往涉及多次反思和调整,部分参与者可能在研究过程中逐渐失去兴趣或积极性下降。这种情况可能导致数据收集不完整、研究进展停滞或无法实现预期目标。

此外,教育情境中的多样化需求和紧张的工作安排也可能使参与者难以始终如一地投入研究活动中。

为保持参与者的积极性和持续参与,研究者需要采取多种策略。首先,应建立定期反馈机制,确保所有参与者清楚了解研究进展和成效。例如,定期组织研讨会或反馈会,分享研究结果和成果,展示行动研究给教师教学和学生学习带来的积极变化。通过这种方式,参与者能够看到自己的贡献和投入带来的实际效果,从而增强他们的成就感和责任感。

其次,应创造开放和合作的文化,使参与者感受到他们的意见和建议受到尊重与重视。例如,在研究过程中鼓励教师、学生和家长提出建议及意见,让他们参与决策过程,增强他们的归属感和主动性。确保参与者感受到研究的透明度和开放性是其持续参与的关键。

此外,适时调整研究计划也很重要。研究者可以根据参与者的反馈灵活调整研究方向和目标,以保持他们的兴趣和动力。例如,如果某个行动策略没有达到预期效果,可以讨论并尝试新的方法和路径,激励参与者继续投入研究过程。

【示　例】

在提高学生课堂参与度的行动研究中,研究者发现,教师和学生在前几次研究活动中表现积极,但随着时间的推移,一些教师和学生的参与度逐渐降低。部分教师感到反复调整教学策略要花费过多时间及精力,而学生则认为研究过程单调乏味,缺乏新意。

为了解决这一问题,研究者决定采取多种措施来维持参与者的积极性。首先,他们在每个研究阶段结束时组织了反馈会议,邀请教师、学生、家长一起讨论研究进展和成果。这些会议不仅展示了数据和分析结果,还让参与者分享他们的体验和收获,增强了大家的参与感和责任感。

其次,研究者根据反馈调整了研究计划。例如,研究者在课堂活动设计中引入了更多有趣的元素,如游戏化学习和小组竞赛,激发学生的兴趣。对于教师,研究者则简化了部分数据收集流程,以减轻他们的负担,并提供了额外的资源支持,如教学材料和技术工具。

通过这些策略,研究者成功地维持了参与者的积极性和持续参与,最终实现了行动研究的目标。通过定期反馈、文化建设和灵活调整计划,可以有效地应对行动研究中参与者积极性下降的问题。

四、反思的深度和质量问题

在行动研究中,反思是推动持续改进的核心环节。然而,教师在反思过程中可能会面临挑战,主要表现为难以深入挖掘问题或反思仅停留在表面层次,缺乏深度和批判性。这种现象可能导致反思的有效性降低,使行动研究失去其原本的改进和创新作用。例如,教师在反思时,往往容易陷入对教学过程的描述中,而缺乏对背后原因的深层探讨。这种反思的表面化可能使研究效果大打折扣,无法真正识别和解决教学实践中的根本问题。

为增强反思的深度、改善反思的质量,研究者需要鼓励教师使用批判性反思的方法,质疑现状并深入探讨深层次的假设和问题。例如,可以通过引导教师提出"为什么会这样"的问题,追溯教育现象背后的成因和影响,帮助他们深入思考现有教学策略和方法的有效性。此外,引导教师在反思中关注结构性因素,如课程设计、课堂管理策略以及教育政策对教学的潜在影响,这有助于增强反思的批判性和深度。

此外,可以引入外部研究者或教育专家的视角,提供多样化的意见和建议。外部视角能够帮助教师从新的角度审视他们的教学实践,识别自身可能忽视的问题。例如,教育专家可以通过课堂观察、分析教学数据等方式,帮助教师发现教学中的"盲点"和改进空间。这种外部支持可以作为教师反思过程中的"批判性伙伴",鼓励教师进行更深层次的思考和探索。

反思工具的使用也能有效增强反思的深度和质量。例如,反思日志可以帮助教师定期记录他们的观察、思考和感受,通过不断回顾和更新日志,教师能够逐步深入挖掘问题的本质。同伴反馈机制也非常有益,同事之间的互动和讨论可以促使教师的反思更加全面和深刻。研究者可以组织定期的同伴讨论会,鼓励教师分享他们的反思和发现,从而相互启发和激励。

【示　例】

在改进教师课堂提问技巧的行动研究中,教师最初的反思活动主要集中在自身对课堂提问频率和形式的描述上,很少涉及对提问效果的深层次分析。研究者发现,这种反思较为表面,未能有效帮助教师识别影响学生参与度和思维发展的内在因素。

为提高反思的质量,研究者引入了批判性反思的方法,鼓励教师不仅描述现象,还要探讨背后的原因。例如,研究者引导教师思考:为什么学生在开放性提问时表现较好,而在封闭性提问时参与度较低?通过这种深入的思考,教师意识到他们的提问方式可能存在问题,限制了学生的思维发展。

同时，研究者还邀请了一位教育专家参加反思会议，专家提供了外部观察和反馈，指出教师在课堂提问中忽视了学生的多样性需求。专家建议调整提问方式，以更好地适应不同学生的学习风格。研究者还鼓励教师使用反思日志，记录他们在尝试新提问策略时的观察和感受，并通过定期的同伴讨论会分享反思过程和成果。

这些措施使教师的反思从表面描述转向深层次分析，显著提高了反思的深度和质量。在反思过程的推动下，教师逐渐意识到他们的教学策略可以更具包容性和灵活性，从而更有效地促进学生的参与和思维发展。

通过这些方法，行动研究能够确保反思的深度和质量，使研究过程更具创新性和实效性，真正推动教育实践的改进。

五、理论与实践的矛盾

行动研究强调在实践中生成理论，同时通过实际行动和反思来改进教育实践。然而，这种动态的研究方式在实际操作中往往会面临理论与实践之间的矛盾。一方面，教师在尝试将新的教育理论融入其日常教学时，可能会发现理论过于抽象，难以在具体情境中操作或无法产生预期效果。另一方面，教师的日常实践也可能难以完全满足理论构建的要求，特别是在复杂、多变的教育情境中。这种矛盾常常导致教师在行动研究过程中感到困惑和不确定，难以在理论和实践之间找到平衡点。

为应对这一挑战，行动研究需要在理论生成和实践改进之间建立动态平衡。首先，研究者和教师应共同选择适合具体教育情境的理论框架,避免使用过于抽象或与教育实际脱节的理论。理论的选择应服务于特定的教育问题,能够反映研究者和实践者的共同关注点。

【示　例】⋯⋯⋯⋯⋯⋯⋯⋯⋯⋯⋯⋯⋯⋯⋯⋯⋯⋯⋯⋯⋯

　　在探索如何促进学生的自主学习时,研究者可以选择建构主义理论,结合具体的课堂情境设计可操作的教学策略,以更好地推动理论和实践的融合。

　　其次,应鼓励教师在行动研究中采用灵活的策略,将理论视为探索和改进实践的工具,而不是固定的标准。教师应在实践过程中不断反思和调整,以适应具体情境的变化。例如,教师可以在一轮教学行动后,通过观察学生反应和学习成果,反思所使用的理论指导是否有效,并据此进行相应的调整。这种动态的反思过程,有助于将理论融入实际的教育实践,从而推动教育的不断改进。

　　再次,研究者和教师之间的合作至关重要。研究者可以通过组织研讨会、合作设计教学方案等方式,帮助教师理解理论的适用范围和实际应用方法。在这种合作关系中,教师不仅是被动的实践者,也是主动的研究者和理论构建者,通过不断实践、反思和调整,在实际情境中生成新的理论和知识。

【示　例】⋯⋯⋯⋯⋯⋯⋯⋯⋯⋯⋯⋯⋯⋯⋯⋯⋯⋯⋯⋯⋯

　　在提高学生自主学习能力的行动研究中,教师和研究者最初基于建构主义理论,设计了一系列自主学习活动。然而,在实施过程中,教师发现学生缺乏足够的学习动机和自我管理能力,导致自主学习效果不佳。这显示出理论与实践之间存在矛盾。

为了解决这一问题，教师和研究者决定重新审视并调整行动方案。研究者建议将建构主义理论与更实际的激励策略相结合，如设定具体的学习目标、建立反馈机制等，以激发学生的学习动机。教师在课堂上进行小范围实验，观察学生的反应，并根据反馈逐步优化活动设计。例如，教师发现学生对分阶段的小任务更有积极性，于是进一步调整了活动的结构，使其更适合学生的实际情况。

通过这种基于实践的反思和调整，教师不仅更好地理解了如何在特定情境中应用理论，还在实践中发展了对自主学习的新见解。这种灵活的行动策略，既避免了理论与实践之间的脱节，又促使教师和研究者在行动中生成新的理论与知识，推动教育实践的改进和发展。

六、数据的有效性和可靠性

在行动研究中，数据的有效性和可靠性很重要，因为研究结论的准确性和改进措施的适切性直接取决于所收集数据的准确性和代表性。然而，由于行动研究通常在真实的教育情境中进行，研究者可能面临多种挑战。例如，数据收集过程可能受到研究者或参与者的主观偏见影响，或者数据收集的方式不够系统和全面，导致数据缺乏足够的信度和效度。在这些情况下，研究成果的可信度和普适性就会受到质疑。

为确保数据的有效性和可靠性，行动研究者应采取多种策略。首先，三角互证即一个有效的工具（详细介绍见本书第六章）。

【示　例】⋯⋯⋯⋯⋯⋯⋯⋯⋯⋯⋯⋯⋯⋯⋯⋯⋯⋯⋯⋯⋯⋯⋯⋯⋯⋯

　　在探索学生课堂参与度的行动研究中,研究者可以结合课堂观察、学生访谈和教师日志等多种数据来源来确保数据的全面性和多样性,从而提高研究的信度和效度。

　　其次,系统化的数据收集和分析流程是确保数据质量的关键。研究者应建立一个清晰且详细的数据收集计划,其中包括数据类型、收集频率、方法和工具等。与此同时,定期校对和审查收集到的数据,以及时发现并纠正错误或偏差。比如,在数据分析过程中,研究者可以使用编码技术来分类和分析定性数据,以确保分析的系统性和一致性。

　　另外,持续的反思和反馈机制也能帮助增强数据的有效性。在数据收集和分析过程中,研究者应与参与者进行定期沟通,分享初步发现,并邀请他们提供反馈。这种做法不仅有助于纠正任何潜在的误解或偏差,还能增强参与者的参与感,提高其信任度,进一步提高数据的质量。

【示　例】⋯⋯⋯⋯⋯⋯⋯⋯⋯⋯⋯⋯⋯⋯⋯⋯⋯⋯⋯⋯⋯⋯⋯⋯⋯⋯⋯

　　在一个提高学生科学探究能力的行动研究中,研究者与教师合作,通过多种来源收集数据,包括学生的科学实验记录、教师的课堂观察笔记以及学生的自我反思日志。起初,研究者发现学生在科学探究中的表现有很大差异,但难以确定造成这些差异的真正原因。

　　为解决这一问题,研究者采用了三角互证,将学生的科学实验记录与教师的课堂观察笔记和学生的自我反思日志进行对比分析。他们发现,部分学生在自我反思日志中提到了对实验过程的不理解,这与教师观察到的学生在实验中的犹豫行为相符。通过多种数据来源之间的相互验证,研究者确认了学生在实验中的困惑主要源于对实验步骤和科学概念的模糊理解。

在进一步的反思中,研究者和教师决定设计一个更为详细的实验指导手册,并在每次实验后安排小组讨论和反思环节,以帮助学生更好地理解实验过程和科学概念。这种做法不仅提高了学生的科学探究能力,还增强了数据的有效性和可靠性,确保了研究成果的可信度和实际应用价值。

持续的反思和反馈机制确保了行动研究中的数据不仅是可靠的,而且具有多维度的解释力,为教育实践的改进提供了坚实的依据。

七、成果的传播与应用

行动研究的成果通常偏向于解决具体的教育实践问题,因此往往侧重于本地化和特定情境的应用,有时很难获得学术界的广泛认可并在更大范围传播。因为成果主要以实践为导向,内容可能缺乏理论贡献,使得其在学术期刊上的发表更具挑战性。此外,在实际应用中,研究成果的传播和落实还可能面临政策、资源和教育情境等外部因素的制约。

为应对这些挑战,研究者需要在传播和应用成果时采用多样化的策略。首先,强调研究的实际应用价值。研究者应以实际案例着重突出成果在具体教育情境中的改进效果。例如,可以详细描述行动研究如何帮助教师改进教学方法、提升学生学习效果或促进学校管理改善。这种实践导向的成果可以更容易引起教育工作者、政策制定者、学校管理者的兴趣和关注。

其次，拓宽传播渠道。除了撰写传统的学术论文和研究报告，研究者还可以选择其他形式的传播方式，如参加研讨会、工作坊、教育论坛、教师培训等。这些平台能够更直接地接触教育实践者，促进研究成果的实际应用。同时，通过建立与教育实践者的合作网络，共同探讨和分享研究成果，也有助于提高行动研究在实践中的影响力。

此外，灵活运用多种媒体形式。研究者可以利用各类数字平台，以简洁易懂的语言发布研究摘要、实践指南、视频案例等。这些形式能够打破地域和时间的限制，使研究成果更快、更广泛地传播。

【示 例】

在批判性思维能力培养的行动研究中，研究者通过改进课堂讨论策略，显著提高了学生的参与度和批判性思维能力。研究者意识到，这一成果虽然对当地学校具有重要的实践意义，但若要更广泛地应用，还需要采取更积极的传播策略。

因此，研究者首先将研究成果整理成一个详细的实践报告，描述了改进措施和具体效果，并在校内教师培训会上进行分享。随后，研究者参与了一个区域性的教育论坛，展示了这一行动研究的过程和成果，并通过实际案例说明了如何改进课堂讨论以促进学生的批判性思维能力发展。与此同时，研究者还在教育类网站上发表了一系列博文，结合理论和实践，讨论了批判性思维教学的重要性和方法。

这种多样化的传播策略帮助研究者将研究成果从学校内推广到更大的教育社区，得到多所学校和教师的认可与效仿。最终，这一研究成果还被纳入地区教育局的教师培训材料中，进一步扩大了其影响力。

通过这些方法,行动研究的成果不仅可以在学术界获得更多认可,还能在实际教育情境中得到更广泛和有效的应用,从而真正实现研究的实践价值。

【示　例】···

在某中学,由校内教师与校外研究者组成研究团队,合作开展了一项行动研究,旨在提高学生的批判性思维能力。他们设计并实施了多种课堂讨论策略,观察学生的参与度和思维深度的变化。经过多轮反思和调整,研究团队发现了一些有效的教学方法,例如提出开放性问题和创建支持性学习环境,都可以显著提高学生的批判性思维能力。为了更好地推广这些研究成果,研究团队决定将其整理成论文发表。

(1) 加强理论与实践的联系。

研究团队在撰写论文时加强了对理论背景的讨论。他们梳理了现有的有关批判性思维教学方法的理论文献,并将自己在实际教学中的发现与这些理论进行对比分析。论文中详细阐述了实践如何验证了某些理论假设,同时也提出了与现有理论相悖的现象,例如,有些教学策略在特定情境中并不如预期有效。他们通过理论分析说明这些现象背后可能存在的原因,并提出了新的假设,为批判性思维的教学理论提供了补充和扩展。

(2) 明确研究方法与数据分析方法。

在研究方法部分,研究团队详细描述了他们所使用的研究方法和数据收集过程。他们使用了课堂观察、学生访谈和问卷调查等多种数据收集方法,并说明了每种方法的选择理由和具体操作过程。数据分析则采用了质性与量化相结合的分析方式,比如将学生访谈内容进行编码,识别出影响批判性思维的关键因素;同时,利用统计软件分析问卷调查数据,评估不同教学策略的有效性。这种严谨而透明的研究过程,有助于提升论文的科学性和学术认可度。

(3) 突出研究的创新性与普适性。

研究团队在论文的讨论部分重点突出研究的创新性和普适性。他们不仅展示了在具体学校环境中成功实施的策略,还分析了这些策略在不同教育情境中的适用性。例如,他们讨论了如何在其他学科或教育阶段(如小学或高中)应用类似的方法,并解释了哪些因素可能需要根据不同情境进行调整。通过这种方式,论文不仅展现了具体的教育改进经验,还为其他教育研究者和实践者提供了可供参考的框架与方法。

(4) 选择适合的期刊和会议。

研究团队仔细选择了适合发表的学术期刊和会议。他们发现,《教育行动研究》等期刊特别关注实践与理论结合的教育研究,因此决定将论文投稿给此类期刊。同时,他们还计划在一个教育学术会议上发表研究报告,以获取同行专家的反馈。通过这种策略,研究团队既能将研究成果推广到更广泛的学术界和实践领域,又能在反馈的基础上不断优化研究内容。

(5) 总结。

通过以上四个步骤,研究团队不仅有效地将行动研究成果转化为学术论文,还成功地展示了研究的实际应用价值和理论贡献。这种方法不仅有助于提升研究的学术影响力,还能将研究成果更广泛地应用于教育实践中,形成理论与实践的良性互动。

第三部分

行动研究实践

本部分汇集了多个经典和当代的行动研究案例,通过具体的实践分析,展示了行动研究在不同教育情境中的应用。本部分包括三章。第十一章介绍了经典行动研究的案例,包括勒温的群体动力学与社会变革研究、埃利奥特的反思性行动研究,以及凯米斯的批判参与式行动研究,并通过我国行动研究的本土化尝试来展示行动研究在中国的实践特色。第十二章则聚焦当代行动研究的案例分析,涵盖了多样化的教育情境,从新教师的教学反思能力发展到智慧学习环境的构建,再到多元文化课程的教学创新等。这些案例展示了行动研究在不同文化和教育背景下的灵活性与适应性。第十三章通过对经典与当代案例的回顾与展望,总结了行动研究在教育实践中的重要性和影响,并对未来的发展方向进行了探讨。此外,本书附录部分列出了行动研究实践中的常见问题,并提供了具有针对性的解答,为读者进一步理解和应用行动研究提供了实用的参考。通过这一部分,读者能够更好地理解如何将行动研究的方法论融入具体的教学与研究实践,从而实现对教育质量的持续改进。

第十一章
经典行动研究实践介绍

第一节　勒温的群体动力学与社会变革研究:T 小组案例[①]

一、案例简介

T 小组(T-Group),又称敏感性训练,是勒温及其团队在 20 世纪 40 年代中期发展起来的一种群体动力学方法。此方法最初用于解决社区内的跨群体紧张问题,后来被广泛应用于管理和领导力培训。T 小组的核心在于通过无结构的小组讨论和反馈机制,帮助参与者反思自身行为和态度,进而促进个人和群体的改变。

1. 研究背景与目标

勒温在第二次世界大战后期被康涅狄格州邀请,为社区领导者培训如何处理跨群体的紧张关系。这次行动的主要目的是通过群体讨论和反思,促使参与者深入了解自己和他人的行为模式,从而改变他们的态度和反应方式。T 小组的初衷是通过直接参与和反思来实现社会价值,并实施实地研究以探讨群体行为的影响。

2. 研究方法与过程

在 T 小组中,研究过程以一种开放性的、参与式的行动研究形式展开,其核心特点包括无结构讨论、即时反馈以及螺旋式反思。以下是具体的过程描述。

---

① HIGHHOUSE S. A history of the T-group and its early applications in management development [J]. Group dynamics: theory, research and practice, 2002,6(04):277.

（1）无结构讨论与情境营造。

在 T 小组的初始阶段，参与者被引入一个没有明确结构和议程的讨论环境中。主持人仅提供简要介绍，随后保持旁观角色，任由小组成员自行引导讨论方向。这种环境设计旨在打破常规权威结构，让参与者面对无组织的状态，引发他们对自己习惯的行为模式的反思。

（2）即时反馈与自我反省。

参与者通过小组互动，直接表达和接收对彼此行为的反馈。典型的场景是：参与者初次面对他人对自己行为的评价时，可能会产生强烈的情绪反应。这种即时反馈促使参与者深入思考自己行为的影响，进而激发自我调整的意愿。例如，在一次讨论中，一位参与者表达了对无序状态的不满，结果其他成员的反应迫使他重新审视自己在群体中的作用和行为。

（3）螺旋式反思与调整。

T 小组的过程遵循一种螺旋式上升的模式：每一轮讨论和反馈都会触发新的反思点，并促使小组调整互动方式和行为模式。这个动态调整的过程使得小组逐步发展出更为开放、有效的沟通模式，并在不断的实验和修正中强化了群体的合作与理解。每次反思与调整不仅仅是对行为的改善，也是对群体动力学的深层次理解。

（4）反馈机制的结构化运用。

研究还特别注重反馈的结构化运用，即在参与者表达意见时，引导他们以具体行为为基础，而非仅停留在情感或模糊的印象上。这种做法旨在将反思具体化，使得每位参与者都能清晰地认识到自身行为的具体影响，从而有针对性地进行调整。勒温的团队通过反复尝试，逐步完善了这一反馈机制，使得 T 小组的讨论能够真正触及行为和态度的深层次变化。

3. 主要发现与成果

T 小组的行动研究过程展示了行为改变的渐进性和复杂性。通过开放性的讨论和即时反馈，参与者在不断的自我反省中体验到行为的社会影响，这种深度参与和反复反思的过程是 T 小组的核心成功因素。该方法不仅让参与者意识到自身行为对他人的影响，还在反思和改进过程中逐步建立了一种更为平等与民主的互动方式。这种自我觉察和相互影响的过程，是行动研究在真实情境中的直接应用，也是 T 小组得以在管理培训中广泛应用的关键。

二、案例评述

从行动研究的过程来看，T 小组充分体现了行动研究的核心原则：通过实际参与和反思，不断调整和优化行为。尽管 T 小组的方法在后期被认为有滥用之嫌，但其强调行为反馈和开放沟通的核心理念在行为科学中仍具有重要地位。T 小组的成功不仅在于解决了特定的跨群体问题，还在于为群体行为研究提供了一种新的方法论框架，其影响力超出了最初的社交改革目标，成为管理和领导力培训的重要工具之一。

在案例分析中，T 小组的无结构讨论、即时反馈和螺旋式反思为行动研究在教育和管理领域的应用提供了宝贵的经验与启示。这些方法和过程设计展示了行动研究的应用潜力和具体操作，为读者理解如何在复杂的群体环境中实现有效的行为改变提供了现实参考。通过将行动研究理论与实际操作相结合，T 小组案例为后续的研究和实践提供了丰富的借鉴。

第二节　埃利奥特的两个案例:反思性行动研究[①]

一、基于合作学习的英语教学改革行动研究

1. 研究背景

某中学的英语教学长期依赖传统的讲授法,教师在课堂上是绝对的主导,学生则是被动接受知识。这种教学方式导致学生的学习兴趣淡薄,课堂参与度差,进而影响了学习效果。为了改善这一现状,学校管理层与研究团队希望通过合作学习模式的引入来变革教学方式,从而改善学生的学习体验和表现。

2. 研究目标

这项行动研究的主要目的是通过引入合作学习策略,提高学生在英语课堂上的参与度和积极性,提升整体学业成绩。同时,该研究还旨在通过这个过程来促进教师的专业发展,增强教师的反思能力,使其更好地理解和运用合作学习模式。

3. 研究方法

研究方法采用了埃利奥特的行动研究步骤。该模型强调教师通过反思与改进来提升教学质量。研究团队由校内英语教师和校外研究者组成,研究设计遵循了行动研究的螺旋式循环,即计划、行动、观察和反思四个阶段。

---

① ELLIOT J. Action research for education change [M]. Philadelphia: Open University Press, 1991.

（1）计划阶段。

研究团队首先进行了现状分析,发现学生在课堂上的被动状态是教学中主要的问题。为此,研究团队共同设计了一系列合作学习活动,例如小组讨论、角色扮演等,期望通过增加学生之间的互动来激发其学习兴趣。

（2）行动阶段。

教师开始在实际课堂中开展这些合作学习活动,试图通过多样化的教学活动来调动学生的积极性。课堂上,学生被分成小组,在教师的引导下自主学习和互动交流。

（3）观察阶段。

研究团队对每节课进行了系统的观察与记录,关注学生的参与情况、课堂互动质量以及学生在学习过程中的情绪反应。研究团队还通过访谈和问卷收集学生与教师的反馈,了解他们对合作学习的感受和建议。

（4）反思阶段。

在这一阶段,研究团队基于观察与反馈数据反思合作学习活动的实施效果,探讨哪些策略有效,哪些需要调整。研究团队发现,虽然合作学习在提升参与度方面效果显著,但在引导学生深度思考和独立学习方面还有提升空间。

4. 研究结果

研究表明,合作学习活动的引入显著提高了学生在英语课堂中的参与度和积极性。学生不仅在小组讨论中表现活跃,而且对英语学习的兴趣明显提高。同时,教师在这一过程中不断学习和反思,逐步掌握了合作学习模式的技巧,并能够灵活调整教学策略以适应不同的课堂需求。通过多轮的反思与调整,合作学习活动在该校逐渐被认可和推广。

5. 关键反思

(1) 教师角色的转变。

该案例突出了教师从传统的知识传授者向学习促进者的转变。在合作学习活动中,教师不再是唯一的知识来源,而是学生学习的引导者和促进者。这种角色转变不仅增加了学生的参与感,也使教师在教学过程中获得了新的视角和成长。

(2) 研究的持续性与改进性。

研究并非一次性的行动,而是一个持续的改进过程。通过不断的反思与调整,研究团队能够识别并解决在教学过程中出现的问题。这种持续改进的模式不仅使教学质量得到了提升,还促进了教师的专业发展。

6. 案例评述

该案例充分展示了反思性行动研究在教育实践中的应用,通过合作学习提升了学生的课堂参与度,改善了学生的学习效果。研究过程严格遵循计划、行动、观察和反思的步骤,通过多轮循环不断优化教学策略。案例中的教师在与校外研究者的合作中获得了专业成长,反思性实践促使他们不断改进教学方法。这一研究强调了行动研究在促进教育变革中的关键作用,也揭示了教师反思和合作在实践中的重要性。

总结来看,该案例不仅是对合作学习模式的有效尝试,也为如何在教育变革中应用反思性行动研究提供了宝贵的经验。通过反复的反思与改进,研究团队成功地将理论与实践结合起来,实现了教育教学质量的提升。

二、数学教学中的小组合作学习项目

1. 研究背景

该案例发生在一所中学,教师发现传统的数学教学方式难以激发学

生的兴趣,课堂气氛沉闷,学生参与度低,导致学习成绩普遍不理想。为了解决这些问题,学校决定引入小组合作学习,通过互动和讨论激发学生的学习兴趣,提升课堂参与度,改善学业表现。

2. 研究目标

该行动研究的主要目标是通过实施小组合作学习策略,提升学生对数学的兴趣和参与度,并最终提高数学成绩。同时,这一研究还旨在帮助教师提升专业能力,使其更好地运用合作学习的方法来改进教学效果。

3. 研究方法

研究采用了埃利奥特的行动研究步骤,包含计划、行动、观察和反思四个阶段。

(1)计划阶段。

在此阶段,研究团队首先进行了学生需求调研,确认了当前数学教学中的主要问题。随后,他们设计了一系列小组合作学习活动方案,试图通过分组讨论、任务分配等方式提高学生的学习参与度和积极性。

(2)行动阶段。

教师在课堂上引入小组合作学习,将学生分成小组进行数学问题的讨论和解答。教师的角色从知识传授者转变为学习引导者,其主要任务是指导学生开展有效的讨论,并为小组提供必要的支持和资源。

(3)观察阶段。

研究团队通过课堂观察、学生反馈以及教师的反思日志来评估小组合作学习的实施效果。特别关注学生在讨论中的参与度、问题解决能力以及小组合作的质量。

(4)反思阶段。

在每一轮行动结束后,研究团队都会对收集到的数据和反馈进行分析,总结问题,并根据实际情况调整小组合作的策略。例如,当发现部分学生在小组中依赖他人时,教师调整了小组任务的设计,以确保每个学生都能充分参与并作出贡献。

4. 研究结果

该案例的研究结果表明,小组合作学习在提升学生数学成绩和课堂参与度方面取得了显著成效。学生在小组中不仅更愿意参与讨论和分享自己的思路,还在协作中发展了批判性思维能力和问题解决能力。教师通过多轮反思和调整,逐渐掌握了如何有效地运用小组合作学习策略,教学能力得到了明显提升。

5. 关键反思

(1)教师角色的转变。

研究表明,教师从传统的讲解者转变为引导者后,学生的自主学习能力得到了显著提升。这种转变对教师提出了新的要求,即如何在支持学生学习的同时不过度干预。

(2)持续反思与调整。

行动研究的螺旋式循环使得教师能够不断反思和调整教学方法。每一轮反思都提供了宝贵的反馈,帮助教师优化小组合作学习的形式和内容,使教学更加贴近学生的需求。

(3)学生的自主性发展。

通过小组合作学习,学生在课堂上表现出了更高的积极性和参与度,这不仅提升了他们的学业表现,还培养了团队合作和自我表达的能力。

6. 案例评述

该案例充分展示了反思性行动研究在教育实践中的应用。通过计划、行动、观察和反思的循环,教师能够逐步改进教学方法、优化学生学习体验。小组合作学习的引入,显著提高了学生的数学成绩和课堂参与度,同时为教师的专业发展提供了一个平台。案例中的反思过程特别强调了教师在行动中的主导地位和对学生自主性的培养,体现了行动研究在教育改革中的重要作用。

第三节　凯米斯的两个案例:批判参与式行动研究①

一、约瑟夫初中图画小说项目

1. 研究背景

约瑟夫初中图画小说项目(The Graphic Novel Project at Joseph Junior High School)在加拿大约瑟夫初中进行,通过创作图画小说来提升学生的读写能力和批判性思维能力。项目体现了批判参与式行动研究(critical participatory action research,简称 CPAR)的特点,教师和学生共同设计学习活动,使学习成为合作共创的过程,旨在突破传统教学的局限,激发学生的学习兴趣和自主性。

2. 研究问题

研究的主要问题是如何通过图画小说创作提高学生的读写能力和批判性思维能力。这一问题源自人们对传统教学模式的反思,认为单一的文本阅读难以满足学生多样化的表达需求。研究通过图画小说的形式,拓展学生的表达方式,让他们更深入地参与学习。

---

① KEMMIS S, MCTAGGART R, NIXON R. The action research planner: doing critical participatory action research [M]. Singapore: Springer, 2014.

3. 研究过程

研究遵循凯米斯程序的四个步骤：计划、行动、观察和反思。在计划阶段，教师与学生商定学习内容和方法，以图画小说为主要载体。在行动阶段，学生进行图画小说创作，教师提供支持和指导。在观察阶段，研究团队记录课堂表现、收集反馈，并持续评估。在反思阶段，师生共同回顾学习过程，调整策略，为下一步的学习作好准备。

4. 研究方法

研究采用了质性研究方法，包括作品分析、课堂观察和访谈，强调在实践中不断优化教学策略。批判参与式行动研究的关键在于循环反思与行动，这在项目中得到了充分体现。

5. 研究成果

研究发现，通过图画小说创作，学生在读写能力、批判性思维能力和情感表达能力方面均有显著提升，学习兴趣和参与度大幅提高。教师在研究过程中也深化了对多样化教学策略的理解。研究还促进了师生间建立平等的合作关系，打破了传统教学中教师权威的模式。

6. 案例评述

该研究是批判参与式行动研究的典型案例，展示了如何通过多方合作和反思性实践来推动教育变革。研究的核心是挑战传统教育权力结构，教师与学生共同参与课程设计和学习活动，强调每个参与者的贡献和视角。学生在研究中不仅是知识的接受者，更是创作者和批判者，从而实现个人成长和社会变革。研究示范了批判参与式研究在教育中的应用，通过实际操作提供了在教育实践中进行批判参与式行动研究的指导。

通过参与式和批判性的方法，教育实践者和学习者共同挑战现状，重新定义学习过程中的角色和关系。这种方法不仅促进了教育实践的改进，还倡导了教育平等和民主。相较于传统教育模式，研究为实际教学中如何落实批判参与式研究提供了参考和经验，为教育工作者在多元化、动态化的教学环境中实施行动研究提供了有益的借鉴。

二、格蕾丝小学自主学习项目

1. 研究背景

格蕾丝小学自主学习项目（The Self-directed Learning Project at Grace Elementary School）在加拿大格蕾丝小学开展，旨在培养学生的自主学习能力，鼓励学生在教师的指导下设定学习目标并自主完成学习任务。研究采用了批判参与式行动研究的方式，通过让学生参与学习设计和决策过程，使学生成为学习的主动者，打破了传统的以教师为中心的教学模式。

2. 研究问题

研究的主要问题是如何在小学阶段有效培养学生的自主学习能力。教师发现，传统课堂往往过于注重教师的主导作用，学生缺乏对自己学习的掌控感。研究旨在通过学生的自主参与，激发其内在学习动力，并探索提升自主学习能力的有效途径。

3. 研究过程

研究的实施遵循了凯米斯程序的典型步骤：计划、行动、观察和反思。在计划阶段，教师和学生共同设定学习目标，并制定个性化的学习计划。在行动阶段，学生按照计划进行自我主导的学习，教师则提供必要的支持和资源。在观察阶段，教师通过日常观察、学习日志和定期反馈，评估学生的学习进展。在反思阶段，师生共同回顾和讨论学习的过程与成效，并根据反思调整下一步的学习策略。

4. 研究方法

研究采用了质性研究方法，数据资料包括学生的学习日志、观察记录和访谈记录,重点是捕捉学生在自主学习过程中的体验和变化。研究强调通过循环的反思与调整,使学习过程不断优化,满足学生个性化的学习需求。

5. 研究成果

研究显示,通过自主学习项目,学生在自我管理、问题解决和学习动机等方面有显著提升。学生表现出更高的学习参与度和更强的自信心,能够更主动地管理学习时间和资源。教师也在研究过程中学会了如何更好地支持和引导学生的自主学习,改变了传统的教学方式。研究的成功实施为其他教育实践者提供了如何在小学阶段培养学生自主学习能力的宝贵经验。

6. 案例评述

该研究是批判参与式行动研究的实践范例,通过将学生置于学习的核心位置,打破了传统教学的单向模式。研究的关键在于构建平等的师生关系,使学生不仅是学习内容的接受者,更是学习过程的设计者和参与者。这种以学生为中心的教学改革,体现了批判参与式行动研究在教育中的应用价值,通过反思与合作实现了教育的变革和发展。研究展示了如何通过批判参与式行动研究培养学生的自主学习能力,并在实践中验证了其有效性,为未来的教育改革提供了实用的参考。

该研究强调在教育过程中,学生和教师共同参与、平等对话和合作改进。相较于传统的教育方式,研究以实践为导向,通过批判性反思和持续改进,使教育更加符合个体学习者的需求。研究为如何在小学教育中有效应用批判参与式行动研究提供了切实可行的路径,也为其他学校和教育实践者促进学生自主学习提供了宝贵的经验。

第四节　我国行动研究的本土化尝试①②

一、青浦实验

1. 研究背景

青浦实验是一个长期的行动研究项目,在上海市青浦区的一所普通学校开展。这项研究源于我国教育系统的改革需求,特别地针对教师角色转换和教学方法革新。研究的核心目的是通过行动研究支持教师自身的深入理性思考,从而改进教学实践。

2. 研究问题

研究的主要问题在于如何通过行动研究的方式支持教师改进课堂教学方式,并提升教学质量。具体而言,研究关注教师行为的改变及其在教育实践中的有效性问题。

3. 研究过程

研究过程包括两个相关联的项目:"青浦数学教学改革实验研究"和"基于行动的校本教师培训"。第一个项目从 1977 年开始,持续到 1992年,主要通过行动研究引入反馈机制,并结合科学发现的假设检验方式进行分析。研究者通过经验筛选法(practice screening)对教学经验进行分类和验证,以形成广泛适用的教学结论。第二个项目是在对前者衍生基础上的后续研究,从 2002 年开始,聚焦教师发展问题,提出了以"行动

① BAI Y M. Action research localization in China: three cases [J]. Educational action research, 2009,17(01):143 - 154.
② 刘良华. 校本行动研究[M]. 成都:四川教育出版社,2002.

教育"为核心的教师成长模式，强调合作学习团队的建设、假设检验的引入，以及视频技术和案例平台的使用。

4. 研究发现

研究发现，行动研究能够有效改善教师的教学行为，同时科学发现机制的引入，使行动研究不仅局限于教育实践的改进，还能够支持理论的发展。在青浦实验中，研究者采用了行动研究的反馈机制，同时引入假设检验模式，使研究成果不仅适用于特定的教学情境，还能够推广到更广泛的教育情境中。

5. 实践意义与影响

青浦实验通过将行动研究与科学发现相结合，提升了教师专业发展的质量，在中国区域教育发展中具有重要意义。研究者认为，这种研究模式不仅改善了教师的教学行为，还为教育理论提供了实证支持，对中国其他欠发达地区的教育发展具有指导意义。

6. 案例评述

青浦实验作为我国行动研究本土化的重要尝试，展现了行动研究在我国教育改革中的独特路径与价值。研究通过引入经验筛选法，将行动研究的反馈机制与科学发现中的假设检验相结合，不仅保证了研究的科学性，还支持了理论的发展。这种结合为理论与实践的连接提供了新的方法论路径；同时，研究强调合作学习，通过构建教师学习团队，支持教师在实践中不断反思和改进教学方法，增强了他们对教育改革的责任感和自我效能感。研究中的视频技术和案例平台加强了教师的反思能力与教学改进的效果，通过数字化工具的使用，教师能够深入分析自己的教学行为，形成经验分享与学习的良性循环。

然而，研究也存在一定局限性。教师在实施过程中对高校或研究机构的专业支持依赖较大，限制了研究的普及性与教师独立开展研究的能力发展。此外,尽管经验筛选法为教学经验提供了系统化的验证途径,但对如何将这些经验有效地应用于不同的教学情境中缺乏具体的指导说明,可能导致经验在新的环境中难以取得相同效果。

青浦实验在我国行动研究发展中具有里程碑意义,它不仅反映了我国教育改革的实际需求,也凸显了行动研究在我国本土化过程中的适应性与挑战。与经典的行动研究(如勒温的早期实验)相比,青浦实验沿袭了行动研究"计划—行动—观察—反思"的循环模式,同时融入了我国教育情境中的实际问题,形成了具有中国特色的研究范式。青浦实验更关注具体的教学改进和教师专业成长,符合我国文化对"实用有效"的重视,显示出我国行动研究重视实用性和结果导向的特点。此外,青浦实验高度重视教师之间以及教师与研究者之间的合作,这种组织形式在我国教育情境中较为普遍且有效,符合我国传统文化中的集体合作精神。

青浦实验通过假设检验,将行动研究提升到理论发展的层次,使得研究成果具有更广泛的教育推广价值。与强调理论创新的研究有所不同,青浦实验更强调经验的可操作性和可重复性,为其他学校和地区提供了可复制的改进路径。尽管青浦实验在方法推广与独立性实施上仍面临挑战,但其探索为我国教育改革提供了宝贵的经验和参考,展示了行动研究在我国的实践潜力,也为全球行动研究如何适应本土环境提供了成功的范例。

二、大学—小学教师合作研究

1. 研究背景

该研究在上海市的两所小学开展,始于 1997 年。背景是部分小学教师在面对复杂的教学问题时,缺乏系统的反思能力和理论指导,导致教学实践效果不理想。小学教师常常被动执行教学计划,缺少主动调整和改进的能力,尤其是在应对学生的多样化需求和意外的课堂情况时感到无所适从。研究的目标是通过大学教师与小学教师的合作行动研究,提升教师的反思能力和实践改进能力,从而推动教育质量的整体提升。

2. 研究问题

研究的核心问题是如何通过合作行动研究增强小学教师的反思能力,促进其专业发展,改善课堂教学效果。具体研究问题包括:

第一,如何在合作行动研究中构建有效的反思机制,帮助教师识别和解决教学中的实际问题?

第二,在合作研究中,如何有效整合高校教师的理论知识和小学教师的实践经验?

第三,如何确保合作研究的成果能够在小学教师的日常教学中得以应用和推广?

3. 研究过程

研究团队由大学教师和小学教师共同组成,通过多轮行动研究循环展开工作。每个循环包括问题识别、规划、行动、观察和反思五个阶段。首先,研究团队通过课堂观察和教师访谈识别出当前教学中的问题,如学生参与度低、教学方法单一等。然后,根据识别出的问题,研究团队共同制定教学改进计划。教师在实际课堂中实施这些计划,而研究团队则在课堂中进行观察和记录。

数据收集方式包括课堂录像、教师反思日志、学生作业和学习反馈等。研究团队利用这些数据进行分析,并在每一轮研究后召开反思会议。教师在会上分享教学实施中的感受和挑战,研究团队提供理论支持,并共同探讨下一步的改进方向。这一过程多次循环,每次循环结束后,研究团队都会调整和优化教学策略,以更好地符合实际课堂的需求。

4. 研究发现

研究发现,通过合作行动研究,小学教师逐渐学会了如何将反思融入日常教学中。他们不仅能够更好地识别课堂中的问题,还能在行动中快速调整教学策略,提升了对课堂动态的掌控能力。此外,教师的自信心和教学效能感也显著提升,他们开始主动探索和尝试新的教学方法。研究还发现,合作行动研究有助于增强教师之间的交流和合作,提高团队协作精神和共同解决问题的能力。

5. 实践意义与影响

这一合作行动研究模式对小学教育的实际意义重大。首先,它打破了传统的教师单一反思模式,通过多方合作,教师得以在理论和实践之间找到平衡。其次,大学教师的介入为小学教师提供了持续的理论支持,使得他们在教学中能够基于证据作出改进,而不是依靠经验和直觉。此外,该模式为其他学校和教师团队提供了一个可复制的行动研究范例,展示了如何通过系统的合作研究提高教学质量。

6. 案例评述

大学—小学教师合作行动研究展示了行动研究在我国教育中的本土化应用。与传统的教育研究不同,该研究特别注重多方协作和集体反思,反映了我国教育情境中的集体主义色彩。相比勒温的行动研究模式,该合作行动研究更注重实践中的灵活性和实际操作,而不仅是计划的严谨性和系统性。

该研究显示了多方合作的深度结合,通过大学教师和小学教师的共同努力,实现了理论与实践的紧密结合。教师在研究过程中不是被动的执行者,而是积极的参与者和决策者,从而大大增强了研究的实用性和可操作性。此外,研究还通过多轮行动研究循环,确保了对教学改进的持续关注和优化。然而,研究并未建立持续的反思机制,使得研究对外部专家的依赖度较高，大学教师撤离后，教师能否继续独立开展行动研究存有不确定性。

　　该研究反映出我国教育实践者在行动研究本土化过程中的探索精神，并通过合作行动研究有效推动了教师的专业发展。然而，研究中的挑战也提醒我们，在实践中仍需要关注教师独立反思能力的培养和合作行动研究的可持续性。整体来看，该研究为理解我国行动研究的本土化开展提供了宝贵的视角，彰显了行动研究在我国教育实践中的广泛应用潜力。

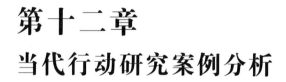

第十二章
当代行动研究案例分析

第一节　反馈促进新教师教学反思能力发展的行动研究①

一、案例简介

1. 研究背景

在某中学,新教师面临教学经验不足的问题,尤其在课堂反思能力方面存在明显短板。这种缺乏有效反思的现状导致新教师难以快速改进教学策略和提升教学质量。学校管理者也发现,尽管新教师积极参与教学,但缺乏系统的反思机制使得改进教学的机会被频繁错过。因此,学校决定通过引入反馈机制,帮助新教师提升反思能力,并促进教学质量的持续改进。

2. 研究目标

研究的主要目标是通过引入和优化反馈机制,增强新教师对自身教学的反思能力。具体目标包括:提高教师对课堂实际问题的敏锐度,增强反思的深度和广度,促使新教师能够基于反思作出有效的教学调整,从而优化课堂教学效果。研究还期望构建一种系统化的反思流程,使反思成为教师日常教学的常规部分。

3. 理论基础

(1) 反思性实践理论。

该理论强调教师要通过反思自身的教学实践,不断改进教学方法。

---

① 罗晓杰,牟金江.反馈促进新教师教学反思能力发展的行动研究[J].教师教育研究,2016,28(01):96-102,74.

在研究中，反思性实践被应用于新教师的教学反思过程中，通过定期的反思日志和反馈机制，帮助教师评估教学效果并作出改进，从而提升教学能力。

（2）反馈理论。

反馈理论强调通过外部评价和反馈来促进学习者的进步。在研究中，新教师在教学过程中得到多方反馈，包括同事、学生和自我反思，帮助他们识别问题并进行调整，这种反馈驱动的过程成为教师教学能力提升的关键途径。

4. 研究过程

研究采用了行动研究的螺旋式上升模式，分为三轮主要循环进行，逐步深入。

（1）第一轮循环：问题识别与初步反馈。

研究团队首先通过课堂观察、教师自我反思记录和学生反馈，识别出某新教师在教学中的主要问题。如发现该教师在反思中缺乏系统性，反思过程往往流于表面。针对这些问题，研究团队通过问卷调查和访谈方式收集更多的反馈，并组织该教师共同讨论改进方案。

（2）第二轮循环：引入同伴反馈与反思改进。

在第二轮循环中，研究团队引入了同伴反馈机制，即由其他教师观察课堂并提供反馈，帮助该教师深入反思课堂中的问题。此外，研究团队引导该教师对反馈进行更为细致的自我分析，包括对教学策略和学生反应的深入思考。研究团队鼓励该教师撰写反思日志、定期开展反思会议，强化对反思结果的记录和跟进。

（3）第三轮循环：系统化反思与持续改进。

通过前两轮的实践，研究团队在第三轮循环中建立了一套系统化的反思记录机制，并通过定期反思会议使反思成为该校教师团队的常规活动。研究团队还引入了专家点评环节,为该教师提供更专业的反馈,进一步提升反思质量。同时,该教师被鼓励不断尝试新策略并记录成效,从而将反思转化为实际的教学改进。

5. 研究发现

(1)反思能力显著提升。

研究结果显示,通过引入反馈机制,该教师的反思深度和批判性思维能力都有了显著提高。该教师不仅能够更准确地识别课堂中的实际问题,还能够提出具有针对性的改进措施。

(2)教学效果明显改善。

通过系统化反思和改进,该教师在教学策略的调整方面更加灵活,课堂教学的质量明显提升,学生的学习参与度有所提高,学习效果有所改善。

6. 实践意义与影响

研究为新教师的专业发展提供了有效的路径。通过反馈机制的引入,反思成为教师改进教学的重要工具,促使教师团队形成了互助合作的反思文化。这不仅提高了教师个人的教学能力,也提升了整个学校的教学质量,同时为其他学校提供了参考模式。

7. 优点与局限性

研究的优点在于研究方法灵活,能够快速调整和响应教学中的实际问题;多方反馈的机制有效地增强了新教师的自我效能感并促进了其专业成长;通过同伴和专家的参与,反思的质量和深度得到了进一步保障。

研究的局限性在于研究规模较小,主要在一所学校进行;由于依赖多方反馈,实施过程中需要投入大量的人力和时间资源,可能在资源有限的学校难以完全复制。

二、案例评述

该研究体现了行动研究中反馈和反思相互促进的特点。首先，通过多轮的"反思—反馈—再反思"循环，研究突出了行动研究的螺旋式改进模式。与传统的研究方法不同，行动研究强调参与者在实践中的主动性和反思能力的提升。通过反复的实践和反思，新教师不仅积累了教学经验，还通过系统的反馈机制不断优化自己的教学方法，这正是行动研究参与性、改进性、系统性、公开性等特点的具体体现。

其次，研究中多方利益相关者的参与，如新教师的"师傅"、同伴和研究团队，体现了行动研究中的合作精神。这种合作精神不仅体现在反思和反馈的过程中，更体现在教学改进的每一个环节中。与一般的教学评估不同，行动研究的目的是通过真实的教学情境，不断调适和改进策略，而不是停留在理论和假设的层面。

另外，研究通过详细记录和描述反思过程，为相关研究提供了清晰的操作路径。这种具体化的过程记录使得研究结果具有高度的可操作性，易于被其他教师借鉴和应用，进一步体现了行动研究开放和实践导向的特征。研究中的反思深度和反馈运用使得研究不仅局限于对教学活动的表面改进，更深入到教学理念和策略的本质层面，为教育实践的持续改进提供了有力支持。

该研究展示了如何通过结构化的反思和反馈机制，提升新教师的教学反思能力，进而实现教学改进。这种以实践为基础的研究方式，为教育实践者提供了一种可以不断自我改进和成长的路径，也为行动研究在教育领域的广泛应用提供了具体的操作范例。

第二节 智慧学习环境下小学语文阅读课生成性教学路径的探究①

一、案例简介

1. 研究背景

在信息时代,小学语文注重人文发展,强调对学生生成能力的培养。生成性教学是在预设基础上,师生充分交互,不断调整教学活动和行为,共同建构并形成新的信息、资源的动态过程,可以解决学生阅读方法不规范、能力欠缺、情感体验淡薄等问题。研究者认为,电子书包支持的智慧学习环境可为小学语文阅读课生成性教学提供有效支撑,促进学生生成能力的发展。研究在生成性理论和小学语文阅读课教学的指导下,针对相关能力培养需求,探索智慧学习环境下小学语文阅读课生成性教学路径。

2. 研究目标

该研究的目标是构建智慧学习环境下的小学语文阅读课生成性教学路径,并验证其提升学生生成能力的有效性。具体来说,研究旨在解决以下问题:如何设计智慧学习环境下的小学语文阅读课生成性教学路径? 智慧学习环境如何支持和促进课堂生成? 如何证明其对学生学习效果的影响?

---

① 谢幼如,吴利红,黎慧娟,等.智慧学习环境下小学语文阅读课生成性教学路径的探究[J].中国电化教育,2016(06):36-42.

3. 理论基础

研究团队总结了小学语文阅读课教学、生成性教学、电子书包支持的智慧学习环境三个领域中的研究现状，初步归纳推演出智慧学习环境下小学语文阅读课生成性教学路径。

4. 研究过程

研究团队由教育研究者、小学校长和一线教师等组成。研究首先通过文献回顾了解了小学语文阅读课教学、生成性教学和电子书包支持的智慧学习环境的研究现状，并据此初步设计了小学语文阅读课生成性教学的路径。

（1）第一轮行动研究。

在理论推演的基础上，该研究形成了如图 12-1 所示的小学语文阅读课生成性教学路径，并选取广东省广州市荔湾区芦荻西小学语文阅读课进行实践。在第一轮行动研究中，教师根据初步路径进行了教学设计

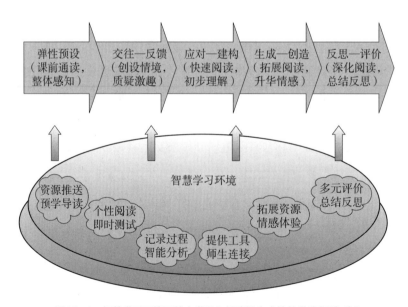

图 12-1　智慧学习环境下的小学语文阅读课生成性教学路径(初步)

并实施了教学。通过教学实践后的师生访谈、课堂现场记录和电子书包平台数据,研究团队发现存在以下问题:"学生课前学习效果不佳,尤其是缺少师生和生生互动,电子书包支持的学生阅读讨论功能未体现;教师未能有效捕捉和利用课堂生成性资源,尤其是小组合作学习后产生的问题;教师未能及时反馈学生的学习效果,学生反思总结不够积极。"

（2）第二轮行动研究。

根据第一轮行动研究的实践结果与分析总结,研究团队主要针对将教学过程中非预设资源转为课堂可用资源的问题,修正了小学语文阅读课生成性教学路径,如图 12－2 所示。该路径注重利用错误资源、捕捉意外资源、发掘隐形资源等途径来保证和促进生成,引导学生生成和运用阅读方法,在对知识进行系统梳理与测评的基础上加强学生的情感体验。同时,在第一轮行动研究的基础上,此轮研究有针对性地完善了电子书包支持下智慧学习环境的支撑作用。

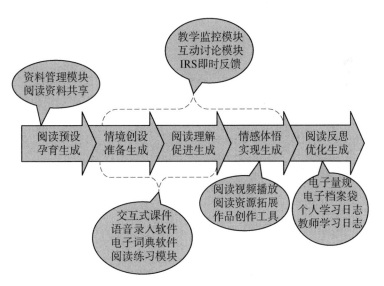

图 12－2　智慧学习环境下的小学语文阅读课生成性教学路径

5. 研究发现

研究结果显示，智慧学习环境支持下的生成性教学路径在提升学生生成能力方面效果显著，尤其是在学生的知识生成、方法生成和情感生成方面。改进后的教学路径促进了教师和学生在课堂上的互动，使得教学过程更具动态性和适应性。

6. 实践意义与影响

该研究对小学语文阅读课教学实践具有重要意义，提供了基于智慧学习环境的生成性教学路径的清晰示例。研究不仅提升了学生的阅读能力，还为教师提供了创新的教学策略，推动了技术与教育的深度融合，为生成性教学的广泛应用提供了实证支持。

7. 优点与局限性

研究的优点在于通过多轮实践和路径修正展现了生成性教学的灵活性和适应性，结合智慧学习环境提供了具体、可操作的教学路径。然而，该研究的局限性在于数据的获取主要依赖电子书包平台，未能全面覆盖学生生成能力的发展，且研究过程中的生成性资源利用策略尚需进一步验证和优化。

二、案例评述

"智慧学习环境下小学语文阅读课生成性教学路径的探究"是行动研究的典型案例。研究团队，由高校教授、研究生、小学校长、小学资深教师组成，既包括教育学专职研究人员，也包括教育一线工作者。其中，教师既是教育实践者，也是研究者。在研究选题上，研究问题源自教学实践，即解决目前小学语文阅读课中存在的问题，培养学生的阅读能力与生成能力。围绕实践问题，研究团队对相关文献进行了系统性梳理，在此基础上初步归纳推演出问题解决路径。与教育准实验研究或实验研究不同,该研究并没有研究假设,而是以开放的方式探索研究问题。

在研究过程中,该研究进行了两轮行动研究,在对第一轮行动研究效果进行评估的基础上,改进了推演出的问题解决路径并进行了第二轮行动研究,再次评估了实践效果。在研究设计上,该研究在评估实践效果时采用了教育研究中常用的方法收集数据,包括师生访谈、课堂观察、电子书包平台生成的伴随式数据,使研究结果兼具实践性和科学性。

研究过程展示了技术支持如何结合生成性教学路径动态调整的特性,显示出行动研究在教育实践中的实际应用价值。其不足之处是,尽管研究展现了一定的反思和改进,但对批判性反思的深度挖掘仍不充分,与实践结合的紧密程度有待提升。这一研究突出展现了行动研究的实践导向、持续改进和灵活调整的特性,为行动研究的推广和应用提供了参考。

第三节 立足于自然法的教学改革及其行动研究①

一、案例简介

1. 研究背景

这项研究的背景设定在小学课堂教学中,试图解决传统的分散教学方式过于强调知识点的问题。研究者提出了以自然法为基础的教学改革,即强调整体学习和自学辅导教学。研究的问题主要是探讨如何通过

---

① 林秋玉,刘良华.立足于自然法的教学改革及其行动研究[J].全球教育展望,2015,44 (02):11-19.

自然法的教学理念改善学生的学习体验，提升课堂教学的质量。

2. 研究目标

该研究的目标是通过整体学习和自学辅导教学的策略，使学生在做中学，在这一过程中体验知识学习的意义，并让学习成为真正有意义的学习。具体目标包括：

（1）促进学生整体性学习而非分散性知识点的学习。

（2）鼓励学生主动参与和自学，从而增强学习的自主性。

（3）将自然法的理念应用于实际教学中，以满足学生在学习过程中自然成长的需求。

3. 理论基础

研究以"整体生长""主动生长""为满足欲望而生长"三个生命成长的自然法则作为教学改革的法则，立足于此，侧重学生的自学与教师的兴法教学。

4. 研究过程

研究方法为合作行动研究，研究由小学教师、政府课题管理者和大学研究者组成了合作团队（G-U-S模式），其中大学研究者和政府课题管理者提供研究方法与教学改革的建议，小学教师在实际教学中实施改革并提出改进意见。

（1）第一轮行动研究。

研究在广州市海珠区赤岗小学展开，针对传统教学过于强调知识点和技能细节而导致学生学习情绪不佳的问题，研究团队引入了整体学习的理念。在调研学生兴趣的基础上，将"科技创新"作为主题，通过"做中学"鼓励学生参与课外创新活动。同时，研究团队将该理念进一步推广到语文、数学和英语等学科的课堂教学中。例如，语文教学采用"示范—模仿—创作"的方式，英语教学转向"听领先"，而数学教学则重视"例题一练习一解题"的学习路径并鼓励适度"提前学习"。经过实践,学生在科技创新项目中取得了一定成果,但研究也发现学生普遍缺乏自学能力,教师在指导学生自学方面也存在不足。这促使研究团队在第二轮行动研究中聚焦推动学生自学。

（2）第二轮行动研究。

在第二轮行动研究中,研究团队将学生自学作为整体学习的前提条件,强调学生在学习过程中应主动进行操作和探究。为此,研究团队引入了卢仲衡的"自学辅导教学"、黎世法的"异步教学",以及新课程改革中倡导的"自主学习、合作学习、探究学习"理念,并逐步形成了以"兴发教学"为核心的自学辅导策略。经过实践,整体学习及自学辅导策略获得了师生的普遍认可。研究团队的进一步反思聚焦如何更有效地激发学生的自学动力和激情,并计划参考"礼乐教学"的研究成果开展下一步探索。

通过这两轮行动研究,研究团队不断在实践中调整和完善策略,充分体现了行动研究在实际教育情境中灵活应对和动态发展的特点。这种不断反思与改进的过程不仅改善了教学效果,也为行动研究如何在课堂中应用提供了实践依据。

5. 反思与实践改进建议

研究团队反思了整体学习与自学辅导教学在实际应用中的挑战,并提出了一些改进建议,如加强教师对自学辅导策略的理解与应用能力,以及在教学中更有效地激发学生的学习动机。

6. 实践意义与影响

研究强调自然法教学理念在基础教育中的应用价值,展示了如何通过行动研究推动课堂教学的改革。通过合作行动研究模式,不仅提升了教师的反思能力,也为进一步的教学改革提供了实证依据和策略支持。

7. 优点与局限性

研究的优点在于其采用的合作行动研究模式有效地结合了各方力量，促进了教师的专业成长，并直接影响了课堂教学实践。

研究的局限性在于其主要采用了质性研究方法，对量化数据的使用较少。此外，目前研究所形成的论文内容没有说明对未来长期研究效果的追踪方式。

二、案例评述

"立足于自然法的教学改革及其行动研究"是一个典型的多方合作的行动研究案例。研究组建了 G－U－S 合作行动研究团队，通过政府课题管理者、大学研究者和小学教师的紧密合作，共同探索和实践了整体学习和自学辅导教学两大策略。政府课题管理者和大学研究者提供研究方法与教学改革的建议，教师则在实践中提出新问题并协商改进方法，各自承担不同的角色。这种合作模式有效促进了教学实践的改进，也体现了行动研究的合作和反思特征。

研究立足于教学实践中的实际问题，从有效教学出发探寻教育改革的方向，选题具有开放性，没有预设路径和研究假设。该研究没有依赖既有的教育理论和模式，而是根据实际问题构建了教育改革的路径，并在实践中不断修正，呈现出螺旋上升的研究过程。在评估实践结果时，研究没有采用传统的教育学研究方法，而是通过对实践过程和实践者反思的详细描述来呈现结果。研究以第二轮行动研究的反思以及有待解决的问题为总结，引出后续研究和实践的方向，凸显了行动研究的持续改进特性。

尽管该研究未采用传统的数据收集和分析方法，但通过翔实的过程描述和反思，为读者提供了足够的信息来判断研究结果的可推广性。整体而言,该研究在教育改革中的应用展示了行动研究通过持续反思和多方合作推动教学改进的强大潜力,也为读者理解如何在教育实践中有效运用行动研究提供了一个富有启发性的范例。

第四节　维基协作支架策略:多元文化日语课程中的行动研究①

一、案例简介

1. 研究背景

维基可以用来支持协作建构主义学习。然而,它的有效性取决于采用何种支架策略来指导学生使用。该研究通过行动研究法探索了三种支架策略(scaffolding stratgies)——有效示例(worked example)、分组(grouping)、评估与反馈(assessment and feedback)在多元文化日语学习中的效果。

2. 研究团队

该研究的团队由教育学教授、高校日语教师、教育技术工作人员组成。

3. 理论基础

该研究综述了维基技术和支架策略的相关文献,其中着重论述了有

---

① JUNG I, SUZUKI Y. Scaffolding strategies for wiki-based collaboration: action research in a multicultural Japanese language program [J]. British journal of educational technology, 2015,46(04):829 – 838.

效示例、分组、评估与反馈三种支架策略。

维基是基于网络的系统，学习者可以通过它与他人合作添加、修改或删除内容，成为知识的发布者而非消费者。它可以帮助实现教育范式从教条主义（教师主导的学习）到建构主义（积极和协作学习）的转变。在语言学习中，维基可以促进语言习得和交流，并纠正语法错误和提高语言表达能力。然而，使用维基本身不能保证改善学习中的协作及语言学习的成果，还需要适当的支架来辅助。研究结果表明，有效示例、分组、评估与反馈是三种有效的协作支架策略。

有效示例是指提供如何执行学习任务的分步演示以及所需成果的示例，可以帮助学习者明确学习过程和成果。分组是协作学习中会带来确保学生平等贡献度的挑战，研究表明，异质分组比同质分组更可能鼓励社交化和多样化学习，特别是当协作任务是基于文化或主题时。持续评估与反馈对外在动机和平等参与至关重要，在协作学习中可以增加学习者的自我效能感和参与度，有助于团队精神的形成。

4. 研究环境

该研究是在东京一所私立大学的非日本学生中进行的，他们参加了中级日语课程的学习。课程旨在提高学生日语的口语和书面表达技能，在三个为期10周的学期内进行。每周有两节70分钟的课程，但研究仅涉及其中一节用日语进行研究和报告的课程。在研究中，学生进行了在线协作，研究"东京"一词唤起的形象和感知，以及它们如何与日本的刻板印象相联系。学生使用维基技术来共同构建和编辑他们的发现，每周进行同伴互评，并最终用日语进行书面和口头报告。

在参与研究的学生中，第一学期的课程涉及来自美国、加拿大、韩国、英国、芬兰、冰岛和法国的27名学生。教师将这些学生以文化相近为原则进行了分组。第二学期的课程涉及来自美国、菲律宾、科特迪瓦、英

国、法国和俄罗斯的 17 名学生。教师请这些学生自行组成小组。第三学
期的课程涉及来自美国、韩国、巴西、英国、瑞典、立陶宛和法国的 13 名学
生。同样，教师请学生自行组成小组。

5. 研究过程

研究者采用的行动研究步骤为：明确问题（problem identification）、
规划（planning）、实施（implementation）、分析和评估（analysis and
assessment）、反思（reflection）和跟进到下一个周期（follow-up to the next
cycle），整体为一个循环过程。第一轮行动研究在课程的第一学期进行，
在规划阶段，研究者发现之前的学生报告写作练习存在两个主要缺陷：
缺乏让学生分享他们的想法和发现的机会，以及缺乏形成性同行评审来
改善他们的写作和编辑。维基技术被确定为可能纠正这些缺陷的手段。
教师通过查阅文献确定了支架策略，然后将其应用于课程计划中。在实
施阶段，教师观察并记录了学生对支架策略的使用和依赖性、他们的协
作和互动的性质与程度，以及在报告写作过程中发生的任何行为变化。
在评估阶段，收集并分析数据以衡量支架策略的效果。在反思阶段，使
用这些数据来确定下一学期课程需要进行的改变，并将这些变化纳入下
一学期的课程计划中。第二和第三学期进行的后两轮行动研究重复了
上述研究步骤，并逐步得出关于所采用策略的优缺点的结论。

关于有效示例，在第一学期，教师为学生提供了一个全面的示例来
展示如何在课程中进行研究和报告，并给出了一份以前学生完成的最终
报告，以展示学习成果应该如何呈现。然而，结果显示，有些学生只是复
制了这些内容。因此，在第二和第三学期，教师转而为学生提供了一个
简单的报告写作模板，其中列出了练习的目标、收集和分析数据的步骤，
以及如何呈现结果和支持这些结论的参考文献。

关于分组，在第一学期，教师认为将来自相似文化背景的学生分组

会减少用第二语言进行协作学习的压力(能力分组不合适,因为学生处于大致相同的语言能力水平)。然而,事实证明,同质小组持有非常相似的观点,并且通常依赖一个成员来撰写报告。因此,在第二和第三学期,教师决定让学生自行组成异质小组,希望这样能产生更多具有文化多样性的观点。

关于评估与反馈,学生被告知评估将基于合作的程度和质量、日语口语和书面表达技能水平来进行,而不是最终报告本身。在第一和第二学期,每周和最终的口头报告由教师和同行进行评审。在第三学期,日本本土学生的额外外部评审提供了进一步的支撑。在所有的三个学期,最终的书面报告都由教师评估,并由另外 4 名日语教师使用评估量表确认,该量表旨在评估所提出和回答问题的质量与相关性,支持证据、讨论与传达研究结果的准确性及创造力,日语词汇和语法的准确性与复杂性。

6. 数据采集及分析

在每学期的课程中,研究者都采集了以下数据:维基技术的使用及参与形式(查看、初始写作和编辑);一份期末调查,包括 12 个使用李克特五点量表的封闭式项目和 3 个开放式问题,以确定学生对维基技术、小组协作、支架策略和学习成果的满意度。第一学期调查了 27 名学生,第二学期调查了 13 名学生,第三学期调查了 10 名学生;在第一学期末对 7 名学生进行了扩展访谈,在第三学期末对 2 名学生进行了扩展访谈,以进一步衡量学生对基于维基的协作学习的看法与感受(由于学生工作量繁重,决定在第二学期末不进行此项工作);教师和另外 4 名日语教师使用前述评估量表对最终报告进行评估;教师观察并记录了学生对支架策略的反应和使用情况、小组互动的程度和性质、小组报告随时间变化的情况。

在整个数据收集过程中,研究者定期会面,讨论课堂观察情况,审查观察笔记和维基技术使用情况,并评估支架策略的有效性。在每个学期结束时,这些数据被分析。量化数据(查看、写作和编辑历史)、来自维基技术历史记录日志的讨论消息、调查结果(教师的观察日志、访谈结果和最终成绩)进行三角互证。

7. 研究结论

该研究对采集的数据进行了全面的分析与讨论,在此基础上得出了如下结论。

(1)有效示例不应过于详细,也不应过于指向预期结果,因为这会抑制创造力和独立思考。支架是必要的,用以概述要解决的问题,并建议解决方案的步骤和最终解决方案的框架,但不应指定最终解决方案的内容或性质。

(2)基于学习者文化背景的异质分组产生了更多样化的信息和观点,并鼓励更多样化的思考。同质分组提供了一个"舒适区",学生在其中处于无焦虑状态,但这种分组并不鼓励充分和平等的参与,并导致单一文化视角的出现。

(3)维基技术本身并不能保证协作。合理的教学设计和支架策略应匹配学生特征并符合学习背景。而实现以上目标的最佳方法是进行循环性行动研究。

(4)为了优化基于维基技术的学习,需要确保学生具备在线写作和编辑、协作、人际交流、社会学习、谈判、决策、建立信任和冲突管理等能力。

8. 优点与局限性

研究通过逐步优化支架策略,显著提高了学生的参与度和学习表现。例如,通过采用简化而非详细的有效示例模板,学生能够表现出更大的创造性和多样化的思考方式。此外,多样化的异质分组(不同文化背景的学生分组)有效激发了学生的多元化观点与讨论,促进了跨文化理解。同时,采用内部和外部同行评审的反馈机制,不仅增强了学生对日语语言的掌握,还进一步巩固了他们的学习成效。

尽管研究显示出支架策略的有效性,但研究的限制包括:支架策略的细节设置可能对部分学生不适用,尤其是对于具有不同学习背景和风格的学生,可能存在这一问题。此外,文化差异在研究中的冲突依然存在,部分学生对学习过程与结果的关注点不同,导致协作中产生意见分歧。此外,研究数据也显示,部分学生由于信心不足或受文化预期的影响,参与度不高,这可能影响了整体的协作效果。

二、案例评述

该研究团队由教育学教授、高校日语教师、教育技术工作人员组成。研究选题来自日语教学的实践,在形成研究问题的过程中参考了已有研究,将具体研究问题聚焦于维基技术的三种支架策略对学生日语学习的影响。围绕研究问题,研究者对维基技术学习环境及支架策略等方面的文献进行了综述。

该研究的过程持续了三个学期,研究者采用了行动研究的方法,并详细陈述了每轮行动研究的步骤、数据采集方式、数据分析方法。在评估每轮行动研究的效果时,研究者采用了量化数据和质性数据相结合的方式,对数据的有效性进行了三角互证。在每轮行动研究结束后,研究结论都被纳入下一轮行动研究的教学设计中。在研究报告中,研究者详述了研究步骤及数据采集方式,在行动研究的框架下采用了多种教育学研究方式。因此,研究者认为虽然该研究聚焦基于维基技术的日语学习,但研究结果对其他基于维基技术的协作学习也可能有启示作用。

该研究体现了行动研究的核心特征,即通过计划、行动、观察和反思的循环来不断优化教育实践。研究者通过灵活调整支架策略,回应了多文化环境中学生的不同需求,显示了行动研究在动态、复杂的教育情境中具有高度适应性。相比经典的行动研究,这一研究更强调支架策略的动态调整和多样化应用,以适应多元文化背景下的语言学习。这种方法突出了行动研究在现代教育技术支持下的应用潜力,并通过支架策略的迭代优化,成功将理论与实践结合,促进了学生的语言学习与跨文化理解。

研究的实践性和参与性得到有效体现,但也面临由参与者文化差异带来的挑战,这揭示了行动研究在跨文化教育情境中的独特复杂性。这种复杂性需要研究者在设计支架策略时,考虑文化多样性对学习方式的潜在影响,从而为每个学习者提供最合适的支持。

第五节　通过行动研究促进专业学习共同体的发展①

一、案例简介

1. 研究背景

在瑞典一所中学,学校希望通过建立专业学习共同体(professional

---

① JOHANNESSON P. Development of professional learning communities through action research: understanding professional learning in practice [J]. Educational action research, 2022,30(03):411-426.

learning communities，简称PLC)来改善教学实践效果和促进教师的专业成长。尽管建立专业学习共同体已被广泛认为是改善学校教学质量的重要手段，但如何在学校环境中有效发展这些学习共同体仍存在挑战。为此，该校引入行动研究作为促进教师合作和集体学习的策略，并希望通过这一过程改善教学效果和提高学生成绩。

2. 研究目标

研究的目标是通过行动研究探讨如何在实际教学中发展专业学习共同体，帮助教师在集体环境中开展研究，改进教学实践，并构建符合学校需求的教学资源和方法。研究聚焦如何通过行动研究来强化教师之间的互动和合作，提升他们集体应对教学挑战的能力。

3. 理论基础

研究的理论基础是艾蒂安·温格(Etienne Wenger)的社会学习理论(social theory of learning)，强调通过共同体中的互动和协作来促进知识的构建与实践的改进。该理论关注学习者在集体中的身份认同和互动过程，并认为知识的构建是在社会交往中实现的。研究还融入了行动研究中的反思性实践理念，鼓励教师在真实情境中反思和改进教学实践，从而在行动中学习并提升专业能力。

4. 研究过程

在研究中，教师被分为两个学习小组，每组分别开展不同的研究项目。研究数据的收集方式主要包括每周75分钟的教师集体会议，其间教师共同讨论、反思和改进教学实践。研究分为多个阶段，包括初期诊断、计划、实施、观察和反思。每个阶段都由教师和学术合作伙伴共同参与，并利用质性研究方法收集数据，如教师访谈、课堂观察和反思日志。

研究团队通过四个主要步骤进行数据分析。首先，对每次访谈进行整体聆听，以获取每位教师的职业角色和他们对学习小组的描述。其次，根据温格的社会学习理论，从中提取共同行动、相互参与和共享资源三个维度的实例。再次，选择能代表多重声音的引述以展示学习小组的特征。最后，将个体参与者的反馈综合起来，描述专业学习共同体的整体特性，并探讨可能的差异。

5. 研究发现

研究发现，教师在行动研究过程中发展了共享的教学资源和教学语言，如"课堂对话"和"学习日志"，这些资源与当地教学需求和行动研究传统紧密结合。然而，不同教师对行动研究目标的理解存在差异，这影响了学习小组内的相互参与。例如，有些教师强调将行动研究作为提高教学质量的主要工具，而另一些教师则更关注本地教学的改进目标。

在不同的学习小组中也可观察到差异：一个小组更倾向于将行动研究作为改善教学的手段，强调在本地需求上进行调整和协商；另一个小组则侧重完成个体的行动研究项目，主要围绕各自的研究问题展开。

6. 实践意义与影响

通过行动研究发展专业学习共同体有助于教师在实际教学中应用新的教学方法，增进教师间的合作，提高集体反思能力。这种研究方式不仅帮助教师认识到教学实践中的问题，还促使他们主动寻求解决方案，从而推动教学质量的提升。此外，通过协作研究，教师逐渐发展了将科学方法应用于日常教学的能力，强化了学校的学术氛围。

7. 优点与局限性

研究的优点在于它展示了行动研究如何实际应用于学校教学改进，并通过真实的数据和反馈促进了教师的专业成长。研究中的反思性实践和社会学习理论为教师提供了集体学习与改进实践的框架，有助于其在实际教学中解决具体问题。然而，研究也面临挑战，包括对行动研究目标的不统一理解、教师参与度的差异以及对时间和资源的高需求。此外，尽管该研究展示了行动研究的潜在价值，但在实际应用中，如何平衡教学与研究的关系仍是需要持续探索的问题。

二、案例评述

该案例通过温格的社会学习理论和反思性实践对行动研究在教师专业学习共同体中的应用进行了深入探讨。研究表明，行动研究不仅是改进教学的工具，也是促进教师专业发展的有效途径。在此过程中，教师通过不断的反思和集体讨论，将研究成果应用于实际教学中，有效提升了教学质量和学生学习效果。研究强调了行动研究的批判性和反思性特征，这些特征是推动教师集体学习和改进教学实践的关键因素。然而，为了最大化行动研究的效果，参与者须在目标上达成共识，并持续关注教学实践中的实际需求。

第六节　面向科学教师的行动研究课程项目实施：土耳其案例[①]

一、案例简介

1. 研究背景

这项研究在土耳其开展，旨在通过行动研究课程帮助科学教师改进教学实践。土耳其的科学教师通常缺乏将研究作为教学一部分的意识，

---

① KÜÇÜK M, ÇEPNI S. Implementation of an action research course program for science teachers: a case for Turkey [J]. The qualitative report, 2005, 10(02): 190 – 207.

这部分地归因于学术研究与教学实践脱节,教师普遍认为教育研究的成果与日常教学的相关性不强。因此,该研究通过为期四周的行动研究课程,试图提升科学教师的反思能力和研究技能,以推动他们在实际教学中更好地应用行动研究方法。

2. 研究目标

研究的目标是通过行动研究课程向科学教师介绍行动研究的方法,并评估这类课程对教师专业发展的影响。具体而言,目标包括提高教师对自身教学问题的认识、增加专业知识,并促进教师之间的合作与知识共享。

3. 理论基础

研究基于反思性实践理论和反馈理论。反思性实践理论强调教师作为反思性实践者,通过系统性反思和批判性思考来改进教学实践;反馈理论则通过持续的反思和反馈,帮助教师更好地理解和应用研究方法。这些理论指导了课程设计,鼓励教师在实际教学中进行反思和行动研究,提高教学质量和促进自身专业成长。

4. 研究过程

研究采用质性研究方法,通过参与观察和半结构化访谈来收集数据。行动研究课程持续四周,共24小时,涵盖的内容包括行动研究介绍、问题识别、数据收集与分析、制定和实施行动策略,以及分享教师的研究经验。8位科学教师参与了课程,定期讨论各自的教学问题,记录反思笔记,并相互提供反馈。行动研究课程的教学策略主要是小组讨论、案例分析和合作学习,目的是培养教师独立进行小规模研究的能力。

8位科学教师通过课程活动逐步掌握行动研究的基础内容,能够在日常教学中应用反思性研究方法。行动研究课程强调了理论与实践的结合,通过案例分析和实际操作帮助教师理解如何在教学中开展行动研究。在行动研究课程中，教师不仅反思了自身的教学实践，还通过同行反馈获得了更多视角，以更全面地改进教学方法。

5. 研究发现

研究发现，科学教师在课程结束后，对行动研究的理解和应用能力有显著提高。科学教师开始在教学实践中应用反思性实践方法，识别并改进教学中的不足。他们普遍认为，与同行合作、分享研究经验对自身教学有很大帮助。行动研究课程结束后，许多教师表达了希望继续开展行动研究的意愿，尽管他们仍面临时间、学校支持和行政支持方面的挑战。

6. 实践意义与影响

该研究通过行动研究课程，帮助科学教师将研究引入日常教学，增强了教师的反思能力和研究意识。这一研究的成果表明，反思性实践和合作研究对教师的专业发展具有显著的促进作用。同时，行动研究课程不仅增进了教师之间的合作和知识共享，也为其他教育实践者提供了可借鉴的经验。

7. 优点与局限性

研究的优点在于行动研究课程设计紧扣教师的实际需求，具有很强的实用性。通过反思性实践和合作学习，教师在课程结束后具备了独立开展小规模研究的能力。结合质性数据的收集与分析，该研究为科学教师的专业发展提供了具体的指导。

研究的局限性在于时间的限制对教师研究活动的持续性构成挑战。行政支持和学校支持不足也影响了教师在实际教学中推广研究成果的深度和广度。

二、案例评述

这一研究凸显了行动研究在科学教师专业发展中的重要作用。研究表明,通过反思性实践和合作学习,教师能够更加深入地理解和改进教学方法。然而,研究也揭示了教师在实施教育行动研究时所面临的系统性挑战,例如时间、学校支持、行政支持上的不足。尽管如此,该研究为其他教育情境中的行动研究提供了有价值的经验和反思,显示了行动研究是一种改进教学和促进教师成长的有效途径。研究中的课程设计和实施展示了行动研究如何在教育实践中发挥作用,进一步强调了反思和反馈在教师专业发展中的关键作用。

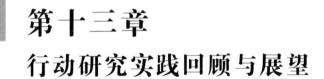

第十三章
行动研究实践回顾与展望

第一节　行动研究实践回顾

一、强调反思与实践改进的研究模式

行动研究的核心在于通过持续的反思和实践改进来推动教育改革。这种模式强调研究者和实践者之间的密切合作，通过不断的反馈和调整来优化教育实践。在经典案例中，勒温的群体动力学与社会变革研究全面地展示了这一特征。研究通过多轮反馈与调整，成功促进了群体的合作，提升了决策效率。类似此类的案例说明，行动研究不仅是一种解决具体教育问题的方法，更是一种持续改进的循环过程。

这一反思与实践改进的循环模式在我国教育情境中同样适用。例如，我国的青浦实验结合了行动研究与本土化的经验筛选法，通过反复实践和评估，探索适合当地教育情境的解决方案。这种方法不仅强调了研究的实用性，还体现了行动研究在多元文化背景下的适应性和灵活性。通过反思、行动、再反思的不断循环，行动研究成为推动教育改革的重要力量，为教育实践者提供了一个可以持续优化的研究路径。

二、提升参与性与民主性的研究实践

行动研究的另一个显著特点是其高度的参与性和民主性。在行动研究中，所有参与者都是研究过程中的积极贡献者，而不仅是被研究的对象。这种模式有助于调动各方的积极性，形成共同参与和决策的氛围。在约瑟夫初中图画小说项目中，教师、学生和社区成员共同参与项目研究和实施，通过开放的讨论和反馈机制，形成了一个互动的学习和创作环境。这种参与性和民主性不仅增强了学生的学习动机，还培养了他们的合作能力和批判性思维能力。

此外，当代行动研究的应用范围不断扩展，特别是在多元文化和跨学科教育中得到应用。例如，结合批判参与式行动研究，教育实践者能够在复杂的教育情境中关注社会公平、多元文化和学生主体性的问题。通过这种方式，行动研究不仅推进了教育实践的改善，还推动了教育实践者对社会问题的深刻反思和行动。这使得行动研究成为一种超越单纯研究方法的实践哲学，为不同背景和需求的教育实践者提供了多样化的解决途径。

通过回顾经典与当代的行动研究案例，可以看出，行动研究在教育领域中不仅是理论与实践的桥梁，更是一种推动持续教育改进的有效方法。它通过持续的反思和广泛的参与，不断激发教育实践者在实际工作中探索和创新，为教育改革和实践提供了强有力的支持。

第二节 挑战与未来发展

一、行动研究实践中的挑战

1. 跨学科合作的复杂性

在本书的行动研究案例中，多次提到合作对于行动研究的关键作用。然而，当研究跨越多个学科时，合作的复杂性会进一步增加。不同学科的研究者和实践者可能会面临理论、方法和学科语言上的差异，这在本书第二部分的相关章节中已有探讨。为了有效应对这些挑战,未来的行动研究需要建立更强的跨学科沟通与合作机制。研究者应当通过持续的交流、共同设定目标和方法来打破学科之间的壁垒,从而实现真正的协作与创新。

2. 本土化与国际化的平衡

行动研究在国际上的应用为我国的教育研究提供了丰富的借鉴,但也带来了如何在本土化与国际化之间取得平衡的挑战。我国的教育情境具有其独特的文化和制度背景,这意味着国外的成功经验并不总是可以直接移植的。在未来的发展中,需要在引入国际先进方法的同时,灵活调整以适应本土需求,确保行动研究既保持其核心价值,又能在本土语境中发挥最大效用。

3. 科技对行动研究的变革性影响

科技的发展为行动研究提供了前所未有的工具和平台,如智能学习环境、数字教材等,这些在本书的多个案例中都有所体现。然而,这些技术的应用也带来了新的挑战,特别体现在数据隐私、伦理和过度依赖技术等问题上。科技在辅助数据收集和分析的同时,也可能使研究者忽视传统的教育本质。因此,研究者在使用新技术时需要保持审慎,平衡技术应用与教育伦理的关系,确保科技的使用能真正促进教育的改进,而非使研究偏离教育的核心目标。

4. 持续性反思与行动改进的机制构建

行动研究强调反思性实践,但在本书中的多个案例中可以看到,持续性反思与改进的落实常常在研究结束后难以维持。这种挑战反映了行动研究在教育实践中的短暂性和不持续性。未来的发展方向应包括如何将反思性实践制度化,使之成为教育日常的一部分。比如,本书中讨论的建立持续的反馈机制和反思工具,正是为了解决这一问题。这种机制需要能够长期支持教师和研究者不断进行自我反思与调整，从而使行动研究的价值在教育实践中得到持续体现。

二、行动研究的未来发展方向

1. 技术与数字工具的整合

技术与数字工具的整合已成为行动研究未来发展的重要趋势，它不仅可以提升研究的效率与广度，也能为行动研究的实施提供更丰富的手段和方法支持。首先，技术与数字工具的应用通过数据收集、分析和呈现的自动化，帮助研究者更精准、快速地理解和调整行动方案，在一定程度上提高了研究的科学性和实效性。同时，技术与数字工具的使用扩大了行动研究的参与性和协作性。通过在线协作平台和数据共享工具，不同背景的参与者可以在更多时空条件下加入研究，增强了参与者间的互动和反馈，从而丰富了研究过程中的多元视角。

此外，技术与数字工具还增加了行动研究中的反思和评估环节的深度，提高了效率。实时数据分析、反馈系统和在线调查工具使研究者能够快速地对行动研究效果进行评估，并根据反馈实时调整策略。这种动态的调整使得反思与行动的循环更加高效，进一步推动了行动研究在教育实践中的应用。

总体来说，技术与数字工具的整合不仅优化了行动研究的实施过程，还拓宽了其在教育领域中的应用范围。研究者应重视提高技术与数字工具的应用能力，以更好地利用其应对未来教育中的复杂挑战，为行动研究的进一步发展开辟新的空间和机会。

2. 跨学科与多领域的应用

跨学科与多领域的应用是行动研究未来发展的重要方向，体现了其在解决复杂教育问题中的灵活性和适应性。随着教育问题的日益复杂化,仅依靠单一学科的视角往往难以全面理解和解决这些问题。跨学科合作能够结合不同领域的专业知识和方法,形成更综合的研究框架,为行动研究提供更丰富的理论和实践支持。例如,在教育技术领域的行动研究中,结合教育学、心理学和信息技术的视角,可以更深入地探索技术在教学中的最佳实践,而不是仅局限于某一领域的观点。

多领域的应用还推动了行动研究在不同教育情境中的拓展。行动研究不仅在传统的课堂教学改进中发挥作用,还应用于教育管理、教育决策、教师专业发展等多个领域。这种多样化的应用扩展了行动研究的影响力,使其成为推动教育改革的重要工具。

此外,跨学科与多领域的应用促进了行动研究的创新。通过引入新的研究视角和方法,研究者能够更灵活地应对教育实践中的不确定性和变化。这种灵活性使得行动研究能够在教育领域不断演进和发展,保持其前沿性和实践性。研究者应当积极探索跨学科合作,利用多领域的资源和方法,推动行动研究在更广泛的教育实践中发挥更大作用。

3. 参与性与民主性的进一步加强

参与性和民主性的进一步加强是行动研究未来发展的另一关键趋势,这一趋势反映了教育研究对实践者主体性的重视以及对教育民主化的追求。在传统的教育研究中,实践者往往处于被动地位,主要接受外部专家的指导和建议,缺乏对研究过程的实质性影响。而在行动研究中,参与性和民主性被置于核心位置,实践者不仅是研究对象,也是研究的主动参与者和决策者。这种模式鼓励教师、学生、家长以及社区成员等多方利益相关者共同参与研究,分享各自的观点和经验,从而形成更具包容性和代表性的研究成果。

随着参与性和民主性的进一步加强,行动研究将在教育改革中发挥更大的作用。研究过程中的民主化决策有助于增进实践者对研究结果的认同感和责任感，从而改善研究的实施效果。例如，在学校管理改进的行动研究中，通过建立教师、学生和家长的合作机制，研究能够更全面地考虑不同群体的需求和反馈，确保改进措施真正符合教育现场的实际情况。此外，民主化的参与过程能够激发实践者的创新思考，促使他们在研究过程中提出新的问题和解决方案，从而推动教育实践的持续改进。

参与性和民主性的进一步加强还与行动研究中的社会公平和平等理念相契合。行动研究通过赋予实践者更多的发言权和决策权，挑战了传统教育体系中的权力结构，促进了教育的公平和多样性。未来，行动研究需要继续探索如何在更广泛的教育情境中加强参与性和民主性，确保每一个教育行动都能够包容不同的声音，真正实现以人为本的教育目标。

4. 国际化与本土化相结合

国际化与本土化相结合是行动研究未来发展的重要方向。行动研究起源于西方，但其核心理念和方法在全球范围内广泛传播，并逐渐与不同文化和教育背景相适应。这一趋势强调在学习和借鉴国际行动研究经验的基础上，结合本土教育情境和文化特点，开发出适合本地实践者需求的研究方法和策略。国际化的视野帮助研究者和实践者拓宽了知识面，通过吸纳来自其他国家的成功案例和研究方法，提升了研究的整体质量，增加了创新性；而本土化的适应则确保了研究的现实意义和可操作性，避免了照搬国际经验带来的不适应问题。

在具体实践中，国际化与本土化相结合的行动研究强调因地制宜的策略。例如，在有些国家或地区，行动研究可能更关注如何在资源有限的情况下推动教育改革；而在有些国家或地区，行动研究则可能更侧重于应对多元文化和教育公平的问题。通过结合本土教育实践者的实际情况，研究者可以设计出更具针对性的行动研究方案。这不仅能更好地服务于本土教育的发展需求，还能通过与国际同行的交流，促进本地研究者参与全球教育研究的讨论与创新，进而扩大本土研究的国际影响力。

此外，国际化与本土化相结合的趋势也推动了行动研究的理论创新。研究者在本土实践中遇到的独特挑战和问题，常常超出现有国际理论的解释范围，从而推动他们在实践中发展新的理论框架和研究方法。这种从实践中生发的理论创新，不仅丰富了全球行动研究的知识体系，也为国际同行提供了新的视角和经验，进一步推动了行动研究的全球性进步。

未来，行动研究的发展需要继续强调国际化与本土化的有机结合。一方面，通过加强国际合作与交流，行动研究可以借鉴全球范围内的最佳实践；另一方面，通过深耕本土教育实践，研究者可以不断优化研究方法和策略，实现行动研究对教育改革的有效推动。总体来说，国际化与本土化的结合不仅是行动研究适应不同教育情境的必然选择，也是其持续创新和发展的关键动力。

附录

行动研究中的常见问题

☑ 问题 1:每个行动研究的循环应当持续多久?

　　回答:循环的持续时间没有固定标准,通常根据研究目标、研究计划和参与者的时间安排决定。可以先设置短期目标,观察成果后再进行调整。一般一个循环可以持续几周到几个月,确保灵活应对实际情况是关键。

☑ 问题 2:如何确定行动研究何时结束?

　　回答:行动研究的结束时机通常是在达到预期目标或当新的变化不再出现时。定期的反思会议和与参与者的讨论可以帮助研究者评估是否继续进行研究或结束研究。同时,也可以根据时间和资源的实际情况调整计划。

☑ 问题 3:如何避免观察者反应对数据的影响?

　　回答:观察者反应是指参与者在知道自己被观察或评估时,可能会改变自己的行为或表现以迎合研究者的预期。这种反应会影响数据的真实性,因为参与者可能表现得不自然,或者提供不真实的反馈,从而导致研究结论出现偏差。例如,学生可能会在被观察时比平常更加努力,而教师在访谈中可能刻意提供迎合研究者的回答。

为了在行动研究中有效应对观察者反应,可以采取以下策略。

(1)培养反思性实践的文化:通过营造一种开放的、持续反思的研究氛围,使参与者将反思和改进视为日常工作的一部分,而不是为了研究者的观察而改变行为。这有助于减少观察者反应对数据的影响,因为参与者逐渐适应被观察的状态。

(2)隐蔽式观察和非干扰性数据收集:在确保符合伦理要求的基础上,使用如自然观察、录像、非直接参与观察等方式,让参与者在较少干扰的情况下进行日常活动。这种方法能有效减少参与者因被观察而产生的行为偏差。

(3)长时间、多轮循环的观察:在行动研究的循环中,进行长期的、多轮的观察和数据收集,让参与者逐渐适应被观察的情境,使行为趋于自然。这种方法可以减少因短期观察而导致的观察者反应。

(4)采用多样化的数据收集方法:结合访谈、问卷调查、观察、文档分析等多种数据来源,使用三角互证来确保数据的真实性。通过多种途径验证信息,可以有效减弱单一数据来源中观察者反应的影响。

☑ 问题 4:如何处理行动研究中的意外事件?

回答:意外事件如学校突发状况或政策改变可能影响研究。应在计划中预留弹性,并对计划进行及时调整,以适应新情况。建立备用方案和保持灵活性可以有效应对这些变化,同时确保研究的连续性。

☑ **问题 5：行动研究团队如何进行合理分工？**

在团队合作中，明确每个成员的角色和任务可以提高效率。应制定详细的工作分配表，如谁负责数据收集、谁组织反思会议、谁与利益相关者沟通等。定期的团队会议可以调整分工并解决合作中的问题。

☑ **问题 6：如何有效地整合参与者的反馈？**

回答：参与者的反馈对反思很重要。设立结构化的反馈机制，如定期的反馈会议或匿名建议箱，帮助收集多样化的观点。在整合时，注意区分反馈来源，分析共性和差异，从而形成全面的反思。

☑ **问题 7：如何确保数据分析的客观性？**

回答：由于行动研究的主观性，确保数据分析的客观性是一个挑战。使用多种数据分析方法（如三角互证）、邀请外部专家参与审核，或采用不同的数据分析工具，都可以提高结果的可信度。同时，研究者在反思时应警惕个人偏见。

☑ 问题 8:每轮反思需要多长时间?

回答:反思的时间长度取决于研究的复杂性和参与者的需求。通常,反思应足够深入,以识别当前行动的有效性和不足。可以设定一定的反思时间框架,例如一到两周内完成反思讨论,并制定下一步的计划。

☑ 问题 9:如何处理参与者流失的问题?

回答:行动研究周期较长,可能出现参与者流失的问题。为解决这一问题,研究者可以通过明确研究的价值、定期更新研究进展和认可参与者的贡献来增强他们的参与感。提供灵活的参与方式和适应个人时间的安排也是有效策略。

☑ 问题 10:如何确保反思不流于表面?

回答:鼓励深入的批判性反思,鼓励质疑现状和隐藏的假设。可以引入外部专家提供多角度意见,并使用反思日志、同伴反馈等工具帮助结构化反思。不断追问"为什么"和"如何改进"是深度反思的核心。

☑ **问题 11:在行动研究中如何评估反思的深度和质量?**

　　回答:评估反思的深度和质量可以通过多种方式进行,例如:查看反思的具体性,判断其是否深入探讨了问题的根源;检查反思是否包含批判性的视角,能否识别和质疑现有的假设和实践;观察反思的持续性和系统性,即观察反思是否贯穿整个研究周期,并在每一轮行动后进行改进。此外,可以使用反思日志、同伴反馈、由外部专家审阅反思过程等方法来确保反思的深度和质量。

☑ **问题 12:行动研究的目标是否可以在研究过程中修改?**

　　回答:在行动研究中,目标可以在研究过程中根据新出现的证据、反思和反馈进行修改。这是行动研究灵活性和适应性的重要体现。随着研究的深入,研究者可能会发现原先设定的目标不再适用或者需要调整以更好地反映实际情况。通过周期性的反思,研究者可以重新评估和修订目标,以确保研究的持续相关性和有效性。

☑ **问题 13:应如何处理行动研究中的伦理问题?**

　　回答:行动研究涉及多个利益相关者,因此必须严格遵守伦理标准。关键的伦理问题包括获得参与者的知情同意、保护参与者的隐私和数据安全、确保参与者的自主权和尊重他们的意见等。研究者应提前制定明确的伦理标准，与所有参与者沟通并达成一致。在研究过程中出现的任何伦理问题，都应及时讨论并解决，确保研究在道德上无瑕疵。此外，还要注意研究者和参与者之间的权力关系，避免任何形式的强制或压力。

☑ 问题 14：行动研究中如何处理研究者与参与者之间的权力关系？

回答：在行动研究中，处理权力关系是一个重要的挑战。研究者应尽量避免在研究过程中施加权力或控制，而是应鼓励参与者积极贡献他们的想法和经验。通过建立平等的合作关系、共同的决策机制、开放的沟通渠道，以及重视参与者的意见和反馈，可以减少权力分配的不平衡。此外，研究者应始终保持反思，检查自身是否在无意中影响了研究的方向或参与者的行为。

☑ 问题 15：行动研究是否适合所有教育情境？

回答：行动研究虽然在多种教育情境中适用，但是否采用还应考虑具体情况。行动研究的特点在于其反思性和实践改进的循环过程，这使得它能够有效应对教育中的实际问题。然而，研究的开展往往需要较长的时间和持续的投入，且对参与者的反思能力和积极参与有较高要求。因此，在资源有限或参与者缺乏相关培训的情况下，行动研究的实施可能会受到限制。此外，研究目标需要与行动研究的特点相契合，才能充分发挥其效用。因此，尽管行动研究具有广泛的适用性，但在实际应用时，还应根据具体的研究环境、资源条件和目标合理选择。

☑ 问题 16：行动研究适合作为学位论文中的研究方法吗？

回答：行动研究可以作为学位论文中的研究方法，尤其在教育学、社会工作等领域表现出色。然而，使用行动研究作为学位论文的研究方法时需要注意以下几点。

（1）明确问题与实践性：确保研究问题与实际教学或工作情境相关，具有明显的实践性。行动研究通常关注改进实践，因此研究问题应能反映现实中的挑战或需求。

（2）参与性与反思性：行动研究强调参与者的积极参与和反思。作为学位论文的研究方法，研究者须清晰描述如何组织和引导参与者进行反思与反馈，确保研究过程的参与性和反思性。

（3）研究设计与方法：行动研究通常采用循环式的过程，包括计划、行动、观察和反思。在学位论文中，研究者须详细描述每个循环的具体行动和方法，特别是如何在循环间进行调整和改进。

（4）数据收集与分析：确保数据收集方法符合学术标准，采用多种数据收集方式（如访谈、观察、问卷调查等），并对数据进行系统的分析，以保证研究结论的有效性和可靠性。

（5）伦理考虑：与参与者的直接互动和合作使行动研究在伦理上须特别注意。研究者必须确保参与者知情同意、数据保密和研究过程的透明度，以保护参与者的权益。

（6）学术规范：行动研究的反思性和实践性可能导致其表述较为主观，须注意在学位论文写作中保持学术严谨性，避免过多的主观推测或未验证的结论，确保学位论文符合学术规范。

通过对以上这些注意事项的关注，研究者可以更好地运用行动研究方法开展学位论文研究，同时充分展示其实践改进的价值和学术意义。

☑ 问题 17：在行动研究中，数据收集的频率应该如何把握？

回答：行动研究的数据收集应与研究的循环阶段相匹配，通常包括观察、访谈、问卷调查和反思日志等方法。数据收集应足够频繁，以捕捉行动的过程和结果，但也应避免过于频繁，以免给参与者增加负担。研究者应根据每一阶段的目标和需要，灵活调整数据收集的频率，以确保数据的代表性和有效性。

☑ 问题 18：如何确保行动研究的成果具有推广性和应用价值？

回答：为了提高行动研究成果的应用价值，研究者应详细记录研究的背景、参与者、行动措施以及取得的成效等信息。这样可以帮助其他教育实践者理解研究是在何种条件下开展的。此外，研究者可以通过与更广泛的教育社区或网络合作，分享研究成果并鼓励其他人尝试将这些成果应用于不同的情境，以扩大研究的影响力，增强其适用性。

☑ 问题 19：行动研究的循环应该如何规划和调整？

回答：行动研究的循环长度和结构应根据研究目标与实际情况进行调整。每个循环通常包括计划、行动、观察和反思几个阶段。研究者应确保每个循环都有足够的时间来进行行动和评估，但也不宜过长，以免影响研究的连贯性和进展。根据收集到的数据和参与者的反馈，研究者需要灵活调整循环的内容和长度，以确保研究过程始终聚焦研究问题。

参考文献

［1］BAI Y M. Action research localization in China: three cases ［J］. Educational action research, 2009, 17(01):143 - 154.

［2］CARR W, KEMMIS S. Becoming critical: education knowledge and action research ［M］. London: Routledge, 2003.

［3］(美)约翰·杜威. 确定性的寻求——关于知行关系的研究［M］. 傅统先, 译. 上海:上海人民出版社, 2005.

［4］ELLIOT J. Action research for educational change ［M］. Philadelphia: Open University Press, 1991.

［5］FOSHAY A W, GOODSON M. Some reflections on cooperative action research ［J］. Educational leadership, 1953, 10(07):411 - 418.

［6］GALL J P, GALL M D, BORG W R. Applying educational research: a practical. guide ［M］. 4th ed. London: Longman Publishing, 1999.

［7］GALL M D, BORG W R, GALL J P. Educational research: an introduction ［M］. New York: Longman Publishing, 1996.

［8］HERR K, ANDERSON G L. The action research dissertation: a guide for students and faculty ［M］. Thousand Oaks: Sage Publications, 2014.

［9］JOHANNESSON P. Development of professional learning communities through action research: understanding professional learning in practice ［J］. Educational action research, 2022, 30(03):411 - 426.

［10］JUNG I, SUZUKI Y. Scaffolding strategies for wiki-based collaboration:

action research in a multicultural Japanese language program [J]. British journal of educational technology, 2015,46(04):829 - 838.

[11] KEMMIS S. Action Research [M]//Husèn T, Postlethwaite N. The international encyclopedia of education. Oxford: Pergamon, 1985.

[12] KEMMIS S. Action research as a practice-changing practice [C]// Spanish Collaborative Action Research Network (CARN) Conference. [S. I.:s. n.], 2007:18 - 20.

[13] KEMMIS S, MCTAGGART R, NIXON R. The action research planner: doing critical participatory action research [M]. Singapore: Springer, 2014.

[14] KINCHELOE J L. Teachers as researchers: qualitative inquiry as a path to empowerment [M]. London: Routledge, 2012.

[15] 刘良华. 校本行动研究[M]. 成都:四川教育出版社,2002.

[16] 刘良华. 重申"行动研究"[J]. 比较教育研究,2005,26(05):76 - 79,37.

[17] 林秋玉,刘良华. 立足于自然法的教学改革及其行动研究[J]. 全球教育展望,2015,44(02):11 - 19.

[18] 罗晓杰,牟金江. 反馈促进新教师教学反思能力发展的行动研究[J]. 教师教育研究,2016,28(01):96 - 102,74.

[19] MCNIFF J, WHITEHEAD J. Action research: principles and practice [M]. London: Routledge, 2002.

[20] RAPOPORT R N. Three dilemmas in action research: with special reference to the Tavistock experience [J]. Human relations, 1970,23(06):499 - 513.

[21] STENHOUSE L. Research as a basis for teaching: reading from the Work of Lawrence Stenhouse [M]. London: Heinemann Educational Books,

1985.

　　[22] SCHMUCK R A. Practical action research for change [M]. Thousand Oaks: Corwin Press, 2006.

　　[23] SCHWAB J J. The practical: a language for curriculum [J]. The School Review, 1969,78(01):1-23.

　　[24] STENHOUSE L. The problem of standards in Illuminative Research [J] Scottish Educational Review, 1979,11(01):5-10.

　　[25] 宋秋前. 行动研究:教育理论与实践相结合的实践性中介[J]. 教育研究,2000,21(07):42-46.

　　[26] 史学正,徐来群. 施瓦布的课程理论述评[J]. 外国教育研究,2005,32(01):68-70.

　　[27] WOLFF M D, WOLFF J A. Review of action research to improve school practices [J]. Journal of educational psychology, 1955,46(04):251-252.

　　[28] 熊川武. 论反思性教学[J]. 教育研究,2002,23(07):12-17,27.

　　[29] ZUBER-SKERRITT O. New directions in action research [M]. London: The Falmer Press, 1996.

　　[30] 曾琦. 合作学习研究的反思与展望[J]. 教育理论与实践,2002,22(03):45-47.

　　[31] 钟启泉. 研究性学习:"课程文化"的革命[J]. 教育研究,2003,24(05):71-76.